1 Mis amigos, mi pueblo y yo

CW01655442

1 a Lee lo que dicen Kypros, Morena y Sara en la página 2 de *Español Mundial 2* y rellena con las palabras adjuntas.

Me llamo ________________ (Sara, Morena), tengo 23 ________________ (meses, días, años) y nací en ________________ (Brasil, Francia, Alemania). Estudié unos años en ________________ (Francia, Inglaterra, Alemania), pero ahora vivo en ________________ (Brasil, Francia, Alemania). Hablo cuatro idiomas pero no hablo ni el ________________ ni el ________________ (inglés, árabe, italiano).

b Rellena. Escoge de entre estas palabras.

portugués, Sara, pasaporte, Francia, idiomas, mayo

Me llamo ________________, mi cumpleaños es en ________________. Nací en la capital de ________________. Tengo ________________ británico, hablo cinco ________________ pero no hablo el ________________.

c Rellena.

Me llamo Kypros ________________ y soy ________________. Nací en ________________ y mi madre ________________ en Londres en la Embajada de ________________.

2 Rellena estos datos sobre ti.

Me llamo ________________, tengo ________________ años y nací en ________________ el ________________ de ________________ de ________________. Hablo inglés y ________________.

3 Escucha las siguientes frases y di si son verdaderas (V), falsas (F) o no sabemos (NS).

a _____ **b** _____ **c** _____ **d** _____ **e** _____ **f** _____ **g** _____ **h** _____

Español Mundial 2 SB C, D, E

4 Escribe en Inglés.

a Somos cuatro hermanos: dos varones y dos hembras.

____

b Vivo en un barrio bastante lejos del centro.

____

c Tengo quince años pero cumplo dieciséis el martes.

____

d En mi familia somos mis padres y yo.

e Soy hija única. Vivo con mis padres y mi abuelo.

f Mi hermano pequeño tiene once años.

g Yo soy la segunda, mi hermana es la mayor.

h Yo tengo catorce años, mi hermano once y la menor dos.

i Tenemos dos hijos. El mayor está casado y el otro está estudiando en Caracas.

j Nací en Sevilla, pero ahora vivo en Córdoba.

5 Escribe en español.

a I was born in London but now I live in Paris.

b I live near the centre of the city.

c I am 18. I'll be 19 in December.

d I am the third son. My sister is the eldest.

e I am not the youngest, I'm the eldest.

f I am an only daughter. I live with my mother and my grandmother.

g We are nine in my family: my parents, four brothers and three sisters.

h My brother is married. He's 25 and his wife is 24.

i My brother was born in Barcelona but I was born in Zaragoza.

j My little sister will be eight tomorrow.

6 **a Lee la Solicitud Preliminar que rellenó Elvira y rellena tú la otra.**

SOLICITUD PRELIMINAR

Estoy interesado en el Año completo en:

- ☐ *América Latina*
- ☐ *Europa*
- ☐ *Canada*
- ☐ *EE. UU.*
- ☐ *Jamaica*

Foto

Verano en:

- ☒ *EE. UU.*
- ☐ *Reino Unido*
- ☐ *Irlanda*

*Indique, por favor, país de preferencia.

Intercambio trimestral en:

- ☐ *Holanda*
- ☐ *Francia*
- ☐ *Irlanda*
- ☐ *Italia*

1. Primer apellido ORTEGA
   Segundo apellido ALONSO
   Nombre ELVIRA
2. Ciudad BOADILLA DEL MONTE   Núm. 4
   Provincia MADRID   C.P. 28301
   Fecha de nacimiento 13 - ENERO - 1989   Teléf. (91) 810 7053
   Nacionalidad ESPAÑOL
3. Nombre del padre ALFREDO
   Profesión PROFESOR DE IDIOMAS
   Empresa donde trabaja INSTITUTO ESTATAL
4. Nombre de la madre LUCÍA
   Profesión AMA DE CASA
   Empresa donde trabaja
5. Hermanos (nombre y edades) JOAQUÍN: 12 AÑOS
   MERCEDES: 7 AÑOS
6. Curso que estudia actualmente
   2º Bachillerato

1. Primer apellido ______________________

   Segundo apellido ____________________

   Nombre ___________________________

2. Dirección habitual:

   Calle ____________________________ Núm. ______________

   Ciudad ___________________________ C.P. ______________

   Provincia _________________________ Teléf. ______________

   Fecha de nacimiento ___________________

   Nacionalidad ________________________

3. Curso que estudia actualmente ____________

4. Hermanos (nombre y edades) ____________

   ____

   ____

5. Nombre de la madre ___________________

   Profesión _________________________

   Empresa donde trabaja _________________

6. Nombre del padre ____________________

   Profesión _________________________

   Empresa donde trabaja _________________

b Imagina que quieres este pijama para tu hermanito/a. Ayúdale a tu madre a rellenar el cupón.

Consigue *gratis para tu bebé este* **precioso pijama,** *de* **diseño exclusivo** *en algodón 100%*

SÍ, *deseo recibir totalmente gratis el* **Pijama para mi bebé** *de la talla que señalo con una X, a continuación:*

Talla pequeña ☐ *12 meses* *Talla grande* ☐ *24 meses*

Para ello les adjunto los ***códigos de barras*** *de los estuches de Papillas Nestlé por valor de 15 puntos.*

POR FAVOR, ESCRIBIR EN MAYÚSCULA UNA LETRA EN CADA CASILLA.

NOMBRE DEL BEBÉ ☐☐☐☐☐☐☐☐☐☐☐☐☐☐☐☐☐☐

APELLIDO 1º ☐☐☐☐☐☐☐☐☐☐☐☐☐☐☐☐☐☐☐☐

APELLIDO 2º ☐☐☐☐☐☐☐☐☐☐☐☐☐☐☐☐☐☐☐☐

MI BEBÉ NACIÓ *DÍA* ☐☐ *MES* ☐☐ *AÑO* ☐☐☐☐

NOMBRE DE LA MADRE ☐☐☐☐☐☐☐☐☐☐☐☐☐☐☐☐☐☐

DOMICILIO ☐☐☐☐☐☐☐☐☐☐☐☐☐ *Nº* ☐☐☐☐☐

PISO ☐☐ *PUERTA* ☐☐ *TELÉFONO* ☐☐☐☐☐☐☐☐☐☐

C.P. ☐☐☐☐☐ *POBLACIÓN* ☐☐☐☐☐☐☐☐☐☐☐☐☐

PROVINCIA ☐☐☐☐☐☐☐☐☐☐☐☐☐☐☐☐☐☐☐☐

Alimentos infantiles Nestlé. Apartado de Correos nº 19-08080 - Barcelona.

DESEO FORMAR PARTE DEL FICHERO, CONFIDENCIAL, DE DATOS DE NESTLÉ PARA RECIBIR, PERIÓDICAMENTE, INFORMACIÓN NUTRICIONAL Y MUESTRAS DE PRODUCTO

Promoción limitada a la disponibilidad de existencias y al territorio nacional. Válida hasta el 30-9-05.

7 Escucha el ejemplo.

Nombre: Fernando

Edad: 16

Ciudad: Burgos

Fecha de nacimiento: 28 febrero 1989

Lugar de nacimiento: Valencia

Y ahora rellena detalladamente.

a

Name: ______________________________

Age: ______________________________

Brothers + sisters: ______________________________

Lives in: ______________________________

b

Name: ______________________________

Country of birth: ______________________________

Age: ______________________________

Birthday: ______________________________

Brothers etc.: ______________________________

c

Name: ______________________________

Brothers: ______________________________

Age: ______________________________

Lives in: ______________________________

Place of birth: ______________________________

d

Nombre: ______________________________

Nombre de su hermana: ______________________________

Hermanos: ______________________________

Ciudad donde vive: ______________________________

Edad: ______________________________

Lugar de nacimiento: ______________________________

Lugar donde nació su madre: ______________________________

Español Mundial 2 SB F, G, H, I, J, K, L

8 Escucha lo que dice Antonio y rellena los espacios en inglés.

Antonio was born on the ________________ of ________________ 1989. He is ________________ years old. He lives in the ________________ of Madrid. His flat is about ________________ metres from the Plaza de España. He says that his flat is neither ________________ nor ________________. There are ________________ other people living with him. His sister is ________________ years old. The flat has ________________ bedrooms, a lounge, ________________, ________________ and ________________. There is also a small ________________ at the entrance. He says that it is a ________________ flat but that it is ____.

9 Según lo que dijo Antonio, ¿cuáles de las siguientes frases son verdaderas (V) y falsas (F)?

a Su cumpleaños es en julio. ☐
b Vive en el centro de la capital. ☐
c Piensa que su piso es demasiado pequeño. ☐
d Hay cuatro personas más en su familia. ☐
e Su hermana es mayor que él. ☐
f El piso tiene sala y comedor. ☐
g A la entrada hay un vestíbulo. ☐
h El piso no es cómodo. ☐
i No hay ascensor. ☐
j La casa de Antonio está en el quinto piso. ☐

Español Mundial 2 SB M, N, O, P, Q

10 ¿Qué dibujos describen las siguientes frases?

a Siempre dejo la radio debajo de la mesa. _____
b Tengo la radio sobre mi armario ropero. _____
c Pongo el radio-casete en la estantería. _____
d Hay una radio y un televisor. _____
e Hay una radio en el salón y no en mi habitación. _____
f Es una radio bastante antigua. _____
g La radio no funciona. _____
h Colecciono radios. _____

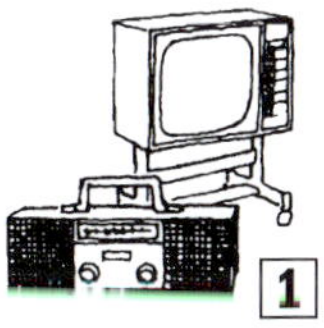
1

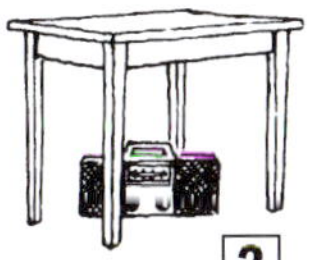
2

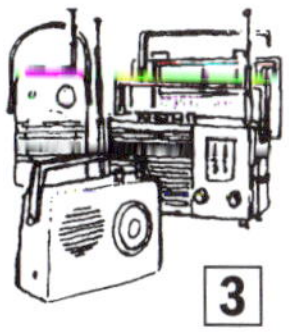
3

4

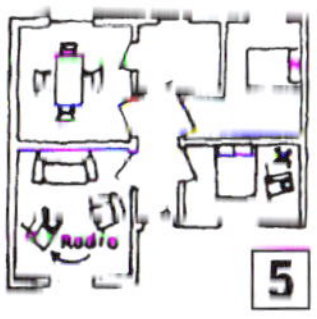

5

6

7

8

11 Escucha las descripciones de las habitaciones y decide cuál es cuál.

Español Mundial 2 SB R, S, T, U, V

12 ¿Qué dibujos describen estas frases? Escribe el número en la casilla.

- ☐ antes de las seis
- ☐ al llegar a casa
- ☐ después de levantarme
- ☐ después de quitar la mesa
- ☐ después de las nueve
- ☐ después de bañarme
- ☐ al terminar de comer
- ☐ antes de desayunar
- ☐ al salir de casa
- ☐ antes de acostarme

13 **Sopa de 'de'. Escribe todas las palabras que encuentres con su significado en inglés.**

Ejemplo: alrededor (de) = *around*

A	I	R	E	D	E	**D**	O	R
O	E	U	N	D	A	O	**E**	S
J	J	R	C	E	R	C	A	E
A	O	T	I	L	E	E	N	U
B	S	N	M	A	U	N	T	P
E	A	E	A	N	F	A	E	S
D	M	D	E	T	R	A	S	E
E	N	F	R	E	N	T	E	D

14 **Use the words you found in exercise 13, which are all followed by *de*, in the sentences below.**
Many, but not all, are interchangeable.

a Su casa está ____________________ de Correos.
b Tengo un jardín ____________________ de mi casa.
c Hay un parque ____________________ de mi instituto.
d No hay autopista ____________________ de Madrid.
e Hay una ____________________ de chicas en mi clase.
f Hay ____________________ de treinta alumnos en mi clase.
g Me levanto ____________________ de las ocho.
h Me acuesto ____________________ de medianoche.
i Australia está ____________________ de España.
j El profesor está ____________________ de la clase.
k Vivo en el primero. Hay una zapatería ____________________ de mi casa.
l El perro está ____________________ de la casa.
m El gato está ____________________ de tu tejado.
n El aeropuerto está ____________________ de la ciudad.

Español Mundial 2 SB W, X, Y, Z(a)

15 **Oral. Change these answers to reflect your personal details and circumstances.**

Tú y tus detalles personales: sugerencias

1 Me llamo Salvador, pero mis amigos me llaman Santo. • Me llamo Begoña Pérez Gálvez.
2 Mi apellido es Williams. • Mis apellidos son Pérez Gálvez.
3 Mi nombre, Salvador, se escribe: S-A-L-V-A-D-O-R. • Se escribe B-E-G-O-Ñ-A.
4 Tengo quince años. Cumplo dieciséis en agosto.

5 Mi cumpleaños es el diecinueve de agosto. El cumpleaños de mi hermana también es en verano, el treinta de julio.
6 Nací en Palma de Mallorca. • Nací aquí, en Madrid.
7 Soy español./Soy española. • Soy argentina aunque vivo en España.
8 Hay cinco personas en mi familia: mi madre, mi padre, mis dos hermanas y yo.
9 En casa somos cuatro: mi madre, mi hermana, yo, y mi abuela también vive con nosotros.
10 Vivo con mi familia; es decir, con mis padres. Soy hijo/a único/a.
11 Sí, tengo dos hermanas y un hermano menor. • No, soy hijo/a único/a.
12 No, soy el/la segundo/a.

Español Mundial 2 SB Z(b)

16 **Oral. Change these answers to reflect your personal details and circumstances.**

Tu pueblo

1 Vivo en Madrid, en el centro.
2 Vivo en el norte/en el sur/cerca de la estación de Atocha, etc. • Vivo en las afueras.
3 Vivo en el barrio de . . ., en el norte de la ciudad.
4 Vivo en un barrio residencial. Es bastante tranquilo. No hay mucho ruido y tenemos dos parques cerca. También hay una piscina municipal y una biblioteca. • Vivo en el centro mismo, así que hay mucho ruido y mucho tráfico y las calles siempre están bastante sucias. Pero hay muchas cosas que hacer. Las tiendas están cerca y hay cines, restaurantes y tiendas cerca de casa.
5 No, no mucho. Para mí es demasiado tranquilo. Mis amigos no viven cerca y no hay mucho que hacer los fines de semana. Es bastante aburrido. • Sí, me gusta porque tiene mucho ambiente. Lo malo es que no hay polideportivo ni piscina.
6 Vivo en la calle Bolton Rd, número 39.
7 Sí, porque las tiendas están cerca y hay autobuses y metro. • Sí, porque la zona es muy tranquila y las calles están limpias. • Regular, no está muy cerca de las tiendas.
8 Mi número de teléfono es el 2 34 65 79.
9 No, vivo en un piso, en la planta baja de una casa vieja.
10 Sí, pero es muy pequeño. • No, porque vivimos en el tercer piso.
11 Mi casa es grande, con dos plantas. Tenemos cuatro habitaciones, sala-comedor, cocina y dos cuartos de baño. También hay un jardín detrás de la casa. • Vivo en un piso que es bastante pequeño pero muy cómodo. Está en la décima planta así que tenemos unas vistas estupendas.
12 En mi casa hay tres dormitorios, un cuarto de estar, una cocina grande donde comemos y un cuarto de baño. Para tres personas está muy bien.

Español Mundial 2 SB Z(c)

2 Mi rutina diaria

1 **Complete the crossword with Spanish infinitives.** All words will end with *-ar*, *-er* or *-ir*, except for reflexives which will end in *-se*. All squares are used. Numbers in bold may have two or three verbs starting from that square.

1		2								3
4	5				6			7		8
		9				10				
11	12									13
			14		15		16			17
				18						
										19
							20		**21**	
22								23		
		24	25					26		27
								28		
				29						
	30	31	32							
33				34				35		

Across
1. to destroy 4. to get up 12. to eat **14. to have (food)** **18. to live** 24. to give 25. to plough 29. to enter 31. to go to bed 33. to get dressed 34. to go

Across (backwards)
3. to fall 10. to read 13. to know 19. to win **21. to cry** 23. to adore 26. to watch 28. to take out

Down
5. to write 6. to finish 7. to go up 8. to take off 9. to understand 11. to put **14. to have (own)** 15. to mine 17. to stick/to hit **18. to see** 20. to hate **21. to wash (oneself)** 22. to say 27. to hurt

Up (upwards)
16. to laugh **21. to bark** 29. to make a mistake/to err 30. to open 32. to have supper

Diagonally
2. to be 35. to kill

2 **Use *Aprende 7* to complete the following verbs.**

	Present tense	
	Regular reflexive verbs levantarse *(to get up)*	**Radical changing reflexive verbs** **sentarse (e → ie)** *(to sit down)*
(yo)	me levant**o**	me ________
(tú)	te ________	te sient**as**
(él/ella/Vd.)	se levant**a**	se ________
(nosotros/as)	nos ________	nos sent**amos**
(vosotros/as)	os levant**áis**	os ________
(ellos/ellas/Vds.)	se ________	se sient**an**

3 Rellena con los verbos siguientes.

Use the verbs below to complete Doña Marta's description of her morning.

traigo, pongo, tengo, salgo, compro, me acuesto, hago, voy, vuelvo, tomo

Por la mañana ________________ de casa a eso de las nueve y ________________ al mercado. Allí ________________ casi toda la compra. Casi siempre ________________ en autobús porque ________________ dos bolsas grandes. Pero a veces cuando ________________ mucha fruta y verduras ________________ tantas cosas que ________________ un taxi.

Nunca ________________ a pie porque ya ________________ cincuenta y seis años y no ________________ fuerzas. Luego ________________ las cosas en su lugar y ________________.

4 Contesta.

a ¿Cuándo hace Doña Marta la compra?

____

b ¿Dónde hace la compra?

____

c ¿Cómo vuelve a casa?

____

d ¿Por qué no vuelve a pie?

____

e ¿Cuándo coge un taxi?

____

f ¿Qué hace cuando llega a casa?

____

5 Rellena los verbos en la primera persona (voy, soy, salgo, etc.) y describe los dibujos.

________________ de casa a las ________________ y ________________ el metro para ir al ________________.

________________ toda la compra antes de ________________. ________________ todo en mi bolso y luego

________________ también en ________________. A veces ________________ a casa de mi hija a ver a los

________________ y por lo general les doy ________________ o chocolate. Casi nunca ________________ a pie.

Muchas veces ________________ el autobús o ________________ un ________________ y de vez en cuando

________________ con mi hija en coche.

Español Mundial 2 SB E, F, G, H, I, J, K, L, M, N, O, P, Q, R, S, T

6 **Escucha la grabación y haz el ejercicio que sigue.**

a **Rellena.**

Los pasatiempos de Pablo son sus ________________ y la ________________.

b **Escribe *sí* o *no*.**

A Sonia le gusta: estudiar _____ los bailes _____ la ropa _____ no salir de noche _____.

c **Escoge.**

i Los caramelos y los bombones son para los (hijos/nietos) de Doña Josefa. ☐

ii A Doña Josefa no le gusta (estar con niños/el ruido). ☐

d **Escoge.**

Carmen pone la música a todo volumen:

i cuando no están los vecinos; ☐

ii cuando no están sus padres. ☐

A veces tiene problemas con:

i los vecinos; ☐

ii su familia. ☐

e José sale con sus (hermanos/amigos) y van (a la playa/a los bares). En Navidad hace una (fiesta/comida) en su (casa/oficina) para sus (profesores/amigos).

f Fernando no tiene dinero porque:

i no tiene amigos; ☐

ii no tiene trabajo. ☐

Va a clase de:

i francés los lunes; ☐

ii inglés los martes; ☐

iii portugués todos los días; ☐

iv inglés todos los días. ☐

En casa:

i no hace nada; ☐

ii llama a sus amigos; ☐

iii ve programas especiales; ☐

iv pasa el tiempo viendo televisión. ☐

7 Lee lo que dice Ana. ¿Cómo expresa las frases a–e siguientes?

Ana

En Barcelona lo que solemos hacer es ir al cine; algunas veces al teatro, pero no mucho. Es realmente muy caro. Es un lujo.

También nos reunimos en un pub donde hay un ambiente familiar e incluso hay muchos instrumentos. Yo toco la guitarra y canto. Tengo una amiga que toca el piano. Ya no voy a discotecas. Me gusta mucho bailar pero en la discoteca hay tanta gente… Y tampoco se ve casi a la persona con quien bailas.

a los precios son muy altos ______________________________

b mucho público ______________________________

c está tan oscuro que no sé con quién estoy ______________________________

d nos conocemos todos ______________________________

e vamos sólo de vez en cuando ______________________________

8 Rellena lo que dice Morena con las palabras de la lista.

brasileñas, bares, Londres, música, la samba, me encanta

Morena

Aquí en ________________, como me gusta mucho la salsa, ________________ y la quisomba, voy mucho a discotecas ________________, angoleñas o portuguesas. Pero también voy a ________________ de tapas, y en muchos, como el Bar Madrid, hay ________________ española que también ________________.

9 Lee. Une las preguntas con las contestaciones de Eva según su email.

Para mí, la ropa, la moda, yo diría, es uno de mis hobbys principales. Esto quiere decir que paso mucho tiempo leyendo revistas de moda, y cuando voy de compras, sea aquí en Londres, o cuando estoy de viaje de estudios en España o Francia, dedico muchas horas a ver lo que hay en las tiendas. Claro, no puedo comprar todo lo que me gusta, así que miro mucho antes de escoger algo nuevo para mi vestuario.
Eva

a ¿Te interesa la ropa y la moda? ☐
b ¿ Para qué lees tantas revistas? ☐
c ¿Vas de compras en el extranjero? ☐
d ¿Compras lo primero que ves? ☐

i Porque me dan ideas.
ii Sí, siempre.
iii Muchísimo.
iv No, nunca, todo lo contrario.

10 ¿Las frases a-j son verdaderas (V), falsas (F) o no sabemos (NS)?

Helena: La música para mí es lo principal.

Sonia: Para mí, sí, la música y también el baile.

Helena: ¿No te gusta U2? Es mi grupo favorito. Lo llevo siguiendo desde hace años. Para mí es como una religión, como lo son los Beatles y Elvis Presley para otros.

Sonia: ¿U2? Sí, no está mal. Pero yo prefiero el espectáculo de Joaquín Cortés. Es español. ¿Sabes quién es?

Helena: A mí sólo me gusta U2. Tengo todos sus discos, muchas camisetas, los DVDs de sus conciertos, pósters...

Sonia: Pues hija, ¡qué obsesión!

Helena: Sí, lo admito. Pero mira, aquí tienes un artículo de U2 en España. Yo voy a todos sus conciertos.

a A Helena le encanta el baile. _____

b Helena no conoce a Joaquín Cortés. _____

c A Sonia le gusta el baile. _____

d A Sonia no le gusta U2. _____

e Joaquín Cortés es de España. _____

f Helena es católica. _____

g Helena tiene muchas cosas de U2. _____

h Sonia está obsesionada con Elvis Presley. _____

i Helena sabe que está obsesionada con U2. _____

j Sonia nunca va a los conciertos de U2. _____

11 Oral/Escrito

a ¿Te gustan mucho los deportes?

b ¿Te interesan tus estudios?

c ¿Qué prefieres, el deporte o la lectura?

d ¿Dedicas mucho tiempo a la lectura?

e ¿Qué libros te gusta leer?

f Te encanta ir de compras, ¿verdad?

g ¿Qué prefieres, música clásica o música moderna?

h ¿Te interesan los toros?

i ¿Dedicas mucho tiempo a tus estudios?

j ¿Te interesa la moda?

Español Mundial 2 SB U, V, W, X, Y, Z

12 Mis pasatiempos. Escoge o adapta según tus gustos.

1 Me gusta leer.
2 Me gusta ver la televisión.
3 Me interesa el teatro.
4 Me gustan las novelas de ciencia-ficción.
5 No me gustan las películas violentas.
6 Me encanta nadar/Me encanta la natación.
7 Odio coleccionar sellos/Odio la filatelia.
8 Me interesan las películas españolas.
9 Escucho mucha música.
10 Voy al cine a menudo/frecuentemente.
11 No voy al teatro porque es caro.
12 Visito a mi abuela los viernes.
13 Salgo con mis amigos todos los fines de semana.
14 Me fascinan las películas americanas.
15 Me encanta el campo.

13 **a Escoge las partes de cada respuesta que coinciden con tus gustos o costumbres.**

Tu tiempo libre

1 Me gusta leer, pasear y ver la televisión. • Me gusta hacer deporte, salir con mis amigas e ir al cine. • No tengo mucho tiempo libre. Veo un vídeo o me voy de compras con alguna amiga o con mi madre.

2 No tengo ningún hobby en particular. Me relajo escuchando música o viendo la tele. • Tengo varios: hago deporte, voy al cine y también voy a exposiciones de arte.

En casa

3 Sí. Me encanta todo tipo de música. • No, no mucho. No me gusta nada la música moderna. • Cuando hay un concierto de música clásica en la radio siempre lo escucho.

4 Me gusta más la música moderna. • Depende del momento. Escucho música clásica, pop, rock, flamenco; bueno, todo tipo de música. Pero para bailar, en general prefiero la música moderna.

5 Sí, toco el piano. • No, pero mi hermana toca muy bien la guitarra. • No, pero me gustaría tocar la trompeta.

6 Juego con mi ordenador. Tengo muchos juegos y me relajan mucho. Veo la tele o escucho la radio. De vez en cuando invito a unos amigos y jugamos a las cartas. • No mucho: leo, charlo con mi hermana, llamo a una amiga, veo la televisión, escucho música. A veces pinto o dibujo un poco.

Por la noche

7 Depende. No siempre salgo. • Invito a unos amigos a cenar o voy a casa de un amigo. A veces vamos al cine o a una fiesta.

8 Voy dos o tres veces al mes. • No, no voy casi nunca. • Cuatro o cinco veces al año, nada más.

9 Me gustan las películas de intriga o de miedo. • Bueno, no me gustan mucho las películas románticas. Prefiero historias con mucha acción, pero en realidad no voy mucho al cine.

10 Depende del cine. Es bastante caro. Creo que cuesta … libras.

11 Sí, me gusta mucho. • No, porque no bailo muy bien.

12 A veces vamos a una discoteca o a un disco-bar. • La verdad es que no bailo mucho porque no hay sitios para bailar cerca de mi casa. Cuando estoy de vacaciones voy a discotecas.

Los fines de semana

13 Sí, salgo todos los sábados por la noche. • Depende. A veces salgo con mi familia. Vamos a un restaurante o vamos a casa de mi tía. Pero sí, siempre veo a mis amigos los sábados.

14 Cuando hace buen tiempo vamos al parque o a la piscina. Los sábados vamos de compras o si hay una buena película vamos al cine.

15 En verano, preparamos una merienda y vamos al parque. • Jugamos al tenis. • Me quedo en el jardín.

16 No, no me gusta el parque porque no se puede jugar al fútbol allí. • Sí, en primavera o en verano. Paseamos y charlamos. Miramos a la gente. Es muy relajante.

17 A veces. Sólo traemos algunos bocadillos, un poco de fruta y Coca-Cola.

18 Cuando hace mal tiempo muchas veces me quedo en casa. • Voy al cine con mis amigos. A veces voy a una exposición de arte o a un museo con mi hermano. A él le interesa mucho el arte.

19 Claro. ¿De qué hablamos? ¡No sé! Charlamos de todo: de nuestros amigos de clase, de los profesores, de la música. Siempre hay algo interesante.

20 No, no tengo tiempo. • Sí, trabajo en una zapatería. • Sí, los sábados de nueve a cinco. Trabajo en un supermercado.

b Ahora lee las preguntas y escribe el número de las respuestas del ejercicio 13a que les corresponde a cada una.

a ¿Te gusta charlar? ¿De qué habláis tus amigos y tú? _____
b ¿Cuáles son tus pasatiempos? _____
c ¿Qué tipo de película te gusta? _____
d ¿Cuánto cuesta una entrada? _____
e ¿Qué tipo de música te gusta más? _____
f Y cuando no hace buen tiempo, ¿qué haces? _____
g ¿Tocas algún instrumento? _____
h ¿Qué haces en casa cuando tienes tiempo libre? _____
i ¿Vas mucho al cine? _____
j ¿Tienes trabajo los sábados? _____
k ¿Adónde vas a bailar? _____
l ¿Qué te gusta hacer en tu tiempo libre? _____
m ¿Adónde vais? _____
n ¿Qué haces los sábados por la noche? _____
o Cuando hace buen tiempo, ¿qué haces? _____
p ¿Llevas una merienda a veces?/¿Llevas algo de comer al parque? ¿Qué? _____
q ¿Vas mucho al parque? ¿Qué haces allí? _____
r ¿Te gusta bailar? _____
s ¿Escuchas mucha música? _____
t ¿Sales mucho con tus amigos/as? _____

3 Pasándolo bien en tu pueblo y de viaje

1 Completa las frases utilizando las partes adecuadas de los verbos en el pretérito y describiendo los dibujos.

a El año pasado  (ir) al  de 

____

b  (ir) a visitar a Pedro en el  hace unos días.

____

c Mi madre (ir) al  sola ayer.

____

d Mis hermanos (ir) anteayer a la 

____

e No  (ir) al  ni el martes ni el miércoles.

____

f Pablo, ¿adónde (ir) esta mañana?

____

g Carlos y Rosa no (ir) a la  porque hizo frío.

____

h ¿Adónde  (ir) este verano?

____

i La semana pasada  (ir) al  dos veces.

____

j Teresa, ¿adónde (ir) tu hermana  ?

____

2 Contesta en español.

a ¿Adónde fuiste el sábado? ______________________

b ¿Con quién fuiste? ______________________

c ¿A qué hora saliste de casa? ______________________

d ¿A qué hora llegaste allí? ______________________

e ¿Cómo fuiste allí desde tu casa? ______________________

f ¿Adónde fuiste después? ____________________

g ¿Cómo regresaste a casa? ____________________

h ¿A qué hora volviste a casa? ____________________

i ¿A qué hora te acostaste? ____________________

j ¿Lo pasaste bien el sábado? ____________________

3 Escribe en el orden correcto.

Reorder the following sentences so that they form a logical account of the day of departure from England for a holiday in Spain.

Mi viaje a España

Pasamos por la aduana española sin problemas. ☐

Recogimos la llave en recepción. ☐

Fuimos al aeropuerto en taxi. ☐

Hicimos las maletas antes de desayunar. ☐

Llamaron el vuelo a los diez minutos. ☐

No comimos nada durante el vuelo. ☐

Tomamos un taxi del aeropuerto al hotel. ☐

Nos levantamos bastante temprano. ☐

Aterrizamos en Alicante a las cuatro en punto. ☐

Subimos a la habitación, descansamos un rato y bajamos a tomar una copa. ☐

4 When you have reordered the account above, rewrite it as if you had been travelling alone.

Start with *Me levanté bastante temprano ...*

5 Rellena la postal con las palabras que aquí sugerimos.

estación, móvil, bien, fui, autobús, querida, familia, viernes, desafortunadamente, hipermercado, compacts, mayo

________________, 4 de ________________

________________ Arantxa:

Estoy pasándolo muy ________________ aquí en Salamanca. Ayer visité a la ________________ de Montse y comí con ellos. Luego ________________ al ________________ y compré los ________________ que me encargaste, pero ________________ los dejé en el ________________. Inmediatamente llamé de mi ________________ a la ________________ de autobuses pero no hubo suerte.

Lo siento. Un abrazo,
Carlos

6 ¿Qué cosas coinciden con el diario de la secretaria de la Srta. Valbuena? (*Español Mundial 2*, página 41, ejercicio I)

LUNES

A

B

C

MARTES

A

B

C

MIÉRCOLES

A

B

C

JUEVES

A

B

C

VIERNES

A

B

C

7 Lee las notas que escribió Marta, la secretaria, para la Srta. Valbuena y rellena la descripción que sigue de su semana en la oficina.

Marta ________________ a Correos el martes. ________________ sellos, y luego ________________ la cuenta de la electricidad.

El miércoles, como ________________ mal tiempo, no ________________ a la oficina hasta la una y media. ________________ a casa a las tres.

El jueves ________________ al aeropuerto para buscar a unos clientes suecos y a las diez ________________ con ellos en un restaurante mejicano.

________________ a la reunión por la mañana y como no ________________ problemas, ________________ el éxito con los clientes, el abogado y el contable.

8 Rellena en el pretérito.

Alguien (llamar) ________________ de Telefónica y (decir) ________________ que no había teléfonos azules.

El Sr. Villalba (ir) ________________ con su mujer a la clínica a ver a su hija. No (aparecer) ________________ hasta las doce.

Nadie (llegar) ________________ al trabajo el miércoles y Marta (volver) ________________ a casa en taxi.

Los suecos (aterrizar) ________________ a las dos y (ir) ________________ al Prado, que les (gustar) ________________, antes de (cenar) ________________ con Marta.

Marta no (pagar) ________________ en metálico; (utilizar) ________________ una de sus tarjetas de crédito.

El abogado y el contable de la compañía (asistir) ________________ a la reunión y (realizar) ________________ un buen negocio. Lo (celebrar) ________________ con mucho champán.

9 Según los ejercicios 7 y 8 (y el ejercicio I en *Español Mundial 2*) ¿cuáles son los equivalentes de lo escrito abajo, más o menos, en español?

British Telecom ________________

Post Office ________________

to pay cash ________________

Visa ________________

Heathrow ________________

goods ________________

hospital ________________

National Gallery ________________

one million pounds sterling ________________

business coup ________________

to attend a meeting ________________

Español Mundial 2 SB J, K, L

10 Escoge.

a ¿Cómo vas al colegio?

voy en tren/voy en metro/voy en autobús/voy a pie

b ¿Cómo vienes al instituto?

vengo andando/a pie/vengo en metro y autobús/me trae mi madre en coche.

c ¿Cuánto tiempo dura tu viaje de casa al instituto?

no es mucho: unos minutos más o menos/media hora/es un viaje muy largo/vivo a dos calles

d ¿A qué hora llegas?

a las ocho y media/a eso de las nueve/no sé; cada día a una hora diferente

e ¿Hay muchos atascos por la mañana?

a veces, sí/no, nunca; es un pueblo pequeño/los lunes y los viernes/sólo cuando hace mal tiempo/si llueve o si nieva, sí

f ¿Qué método de transporte prefieres?

el taxi, claro/el autobús, porque es más cómodo/el metro es infernal/prefiero ir a pie; es mejor para la salud/ninguno, la polución en la ciudad es insoportable

11 Une.

a todo el año ☐
b pensión completa ☐
c salidas diarias ☐
d no se realiza los días festivos ☐
e butacas reclinables ☐

i reclining seats
ii not on public holidays
iii all year round
iv daily service
v full board

12 Lee y rellena.

a

El metro de Madrid tiene casi doscientas estaciones. No tiene muchos asientos, así que casi todo el mundo viaja de pie. Pero los trenes pasan con regularidad y las estaciones están muy limpias. Es un servicio bastante bueno y no es caro.

sucias, frecuente, barato, estaciones, hay

i La gente viaja de pie porque no ________________ muchos asientos.
ii El servicio es bastante ________________ y ________________.
iii Las estaciones de metro no están ________________.
iv Hay casi doscientas ________________.

b

En Madrid prefiero ir de un sitio a otro en autobús si no tengo prisa. Es más cómodo que en metro, tiene aire acondicionado y me gusta ver las calles y tiendas. Es fácil porque compro un bono de diez viajes que sale más barato que comprar los billetes uno a uno; y así subo y bajo sin tener que pagar al conductor.

billetes, pagar, autobuses, aire acondicionado, bono

i El hombre prefiere utilizar los ________________ en la capital.
ii Es más barato comprar un ________________ que comprar los ________________ uno a uno.
iii Con el bono no hay que ________________ al conductor.
iv Todos los autobuses tienen ________________.

c

El mes pasado fui por la primera vez en tren de Algeciras a París. Había muchísima gente. Viajamos como sardinas en lata; bueno, era verano y llegué más muerta que viva.

cansadísima, primera, tren, lleno, Francia, calor

i La señora viajó de España a ________________ en ________________.

ii Dice que fue la ________________ vez.

iii El tren estaba muy ________________ e hizo muchísimo ________________.

iv Llegó a París ________________.

d

En España pasa como en todos los países del mundo: las calles pertenecen a los taxistas. Hay que aceptarlo. Pasan todo el día conduciendo y las calles son para ellos como mi ordenador es para mí.

dueños, normal, es, ordenador, calles, están

i El señor dice que trabaja con su ________________.

ii Los taxistas son los ________________ de las ________________.

iii El señor considera esto ________________ porque los taxistas ________________ conduciendo todo el día.

iv España ________________ como todos los países del mundo.

Español Mundial 2 SB M, N, O, P, Q, R, S, T, U, V, W, X, Y

13 Lee y estudia.

Mi rutina diaria

El lunes me desperté a eso de las siete, pero como hacía frío, me quedé en cama unos veinte minutos más. Me levanté, fui al cuarto de baño, me duché, me afeité (me maquillé), volví a mi habitación donde me vestí y fui a la cocina para **preparar** el desayuno para la familia. Tomé café con tostadas, un zumo de naranja y cereales. También me preparé un bocadillo de queso para la hora del recreo. Recogí mis libros y mi mochila, me despedí de mis padres y salí de casa a las ocho y cuarto, más o menos. Corrí hasta la parada de autobús y llegué a la universidad a las nueve menos diez.

A la una, volví a casa para comer y a las cuatro, después de las clases, fui a la casa de mi amigo para **hacer** las tareas de ciencias juntos, porque *tengo* bastante dificultad con esta materia. Volví a mi casa a pie y ayudé un poco a mis hermanos con sus deberes hasta la hora de **cenar**. Cenamos toda la familia y después leí un poco y preparé mis clases para el martes. A las diez y media vi un partido de fútbol en la televisión, luego no me duché, porque mi padre estaba en el cuarto de baño y era medianoche. Así que me acosté y *creo* que pronto estaba dormido.

14 **a Prepare answers in Spanish to the following questions on the presentation on p. 25 in the past tense.**

b Adapt the presentation according to your own habits and preferences, writing it in the present tense. Then answer the questions in the present tense.

a ¿Qué hiciste cuando llegaste al colegio?
b ¿Qué asignaturas estudiaste por la tarde?
c ¿Por qué volviste de la casa de tu amigo a pie?
d ¿Recuerdas lo que cenaste?
e ¿Cuántas horas de deberes hiciste?
f En el partido de la tele, ¿qué equipos jugaron?
g ¿Quién ganó?
h ¿Hablaste con tus padres? ¿De qué?

15 **Rewrite the presentation in exercise 13 in the present tense by changing the underlined past tenses.** Infinitives, in bold, do not need to change, nor do verbs already in the present tense, which appear in italics. Start with: *Los lunes generalmente me ...*

Español Mundial 2 SB Z(a), (b), (c)

16 **Escucha, sigue el texto y escoge las respuestas más adecuadas.**

El transporte y los viajes – sugerencias

1 Sí, vivo bastante cerca, a unos 25 minutes a pie. • No, vivo muy lejos. Tardo de hora a hora y media.
2 Voy andando. • Voy en autobús y en metro.
3 Por lo general voy andando pero cuando llueve me lleva mi padre en el coche. • Cuando llueve cojo el autobús número 34.
4 Tardo unos diez minutos. • Tardo tres cuartos de hora. • Depende del tráfico: de 20 a 30 minutos.
5 Cuesta dos libras.
6 No, porque es muy lento. Prefiero el metro. • Sí, bastante porque hay una parada muy cerca de mi casa y además me gusta ver las calles y las tiendas por la ventanilla.
7 No, no mucho. Sólo cuando salgo de Londres.
8 El autobús, porque lo cojo todos los días para ir al colegio.
9 Generalmente vamos en metro. • Depende: el metro o el autobús, aunque a veces vamos andando. • Depende de adónde vamos. Por ejemplo, el parque está muy cerca y por eso siempre vamos andando pero si vamos al centro hay que coger un autobús e incluso cambiar a veces.
10 Bueno, regular; a veces hay que esperar el autobús mucho tiempo y en invierno se pasa mucho frío. • No está mal, pero yo prefiero ir en coche.
11 Sí, es carísimo. • Bueno, yo no pago nada porque soy estudiante pero sí, creo que es bastante caro.
12 Sí, sobre todo cuando voy de vacaciones con mi familia. • No, no mucho. Solemos viajar en tren o en nuestro coche pero este verano iré en avión porque voy a Estados Unidos.
13 • No, no mucho. Uno tarda mucho en ir al aeropuerto y hay muchos retrasos. Y la comida es muy mala. • Sí, me gusta. Se puede comprar regalos en el aeropuerto y muchas veces ponen una película buena. Las azafatas son muy simpáticas.

14 Prefiero el avión, es lo más rápido. • A mí me dan miedo los aviones, así que prefiero el tren o el barco, aunque tardan más. • No sé. Nunca he visitado otro país.

15 Tengo bicicleta pero moto no. Las motos me parecen muy peligrosas. • No tengo bicicleta ni moto pero me gustaría tener una moto grande como la (moto) de mi hermano mayor.

17 Read the comments made by people who witnessed an accident and check the translation given.

En la carretera

a El accidente ocurrió a eso de las cuatro y cuarto de la mañana.
The accident happened at about 4.30 a.m.

b El chico de la bicicleta llegó gravemente herido al hospital.
The boy on the bicycle had to go to hospital but he wasn't badly hurt.

c ¡Qué horror! Esta carretera es una vergüenza. Hay demasiado tráfico y la gente conduce muy mal.
How lucky! This road is a disgrace. There is far too much traffic and people drive very slowly.

d Vi el accidente y creo que el conductor de la camioneta está loco.
I saw the accident and I think the van was going too fast.

e ¡Qué tontería! El hombre del coche blanco es el responsable.
Nonsense! It was the fault of the woman in the white car.

f ¿La ambulancia llegó pronto?
Has the ambulance arrived yet?

g Sí, y la policía y los enfermeros también.
Yes, and so have the police and the firemen.

h Hay dos heridos aquí y más en el hospital.
Two people are hurt and have been taken to hospital.

Español Mundial 2 SB Z(d)

4 Infórmate para viajar

1 **Cambia estas frases del presente al imperfecto y escribe su significado debajo.**

Ejemplo: Carlos viaja todos los días desde Zaragoza a Barcelona.

Carlos **viajaba** todos los días desde Zaragoza a Barcelona.

Carlos used to travel every day from Zaragoza to Barcelona.

a Carlos come todos los martes en casa de su hija.

b Mi padre siempre compra los billetes en la misma agencia de viajes.

c No me gusta comer nada cuando estoy viajando en avión.

d El avión nunca sale a su hora y siempre llega muy retrasado.

e En el aeropuerto de París nunca nos miran los pasaportes.

f Vamos a Francia en avión y siempre volvemos en tren.

g Nunca sé cuánto tiempo dura el viaje de París a Madrid por tren.

h Cuando llego a casa, siempre es medianoche y estoy muy cansado.

2 **Escucha la grabación e identifica el dibujo que describen.**

a i  ii  iii 

b i  ii  iii 

c i  ii  iii 

d i  ii  iii 

e i  ii  iii 

f i  ii  iii 

g i  ii  iii 

3 **a Rellena con las palabras de la lista.**

alquilaban, era, pasaban, llevaba, hacía, volvían, tenía, pasaba, estaba, pasaba

Cuando Saulo ________________ pequeño, siempre ________________ los veranos a la costa con sus abuelos. Allí lo ________________ muy bien porque ________________ primos y amigos. ________________ todas las mañanas en la piscina municipal que ________________ a 20 metros del chalet que ________________, y por las tardes el abuelo ________________ a él y a sus primos en coche a la playa.

A veces, si ________________ buen tiempo no ________________ hasta muy tarde.

b Lee. ¿Las frases a–g son verdaderas (V) o falsas (F)?

- En 1885 la compañía Mercedes inventó el primer coche.
- El primer ordenador electrónico fue construido en Inglaterra en 1948.
- El 'Rock and Roll' comenzó en los años 50.
- El primer microondas fue construido por una empresa americana en 1953.
- La primera vez que se vio emisiones de color por la televisión fue en 1953.
- En 1876 el escocés Graham Bell inventó el teléfono.
- Orville y Wilbur Wright construyeron el primer avión en 1903.

a En 1900 no había coches. _____

b En 1940 no había ordenadores. _____

c En 1942 no había 'Rock and Roll'. _____

d En 1954 no había microondas. _____

e En 1950 no había televisión en color. _____

f En 1880 no había teléfonos. _____

g En 1902 no había aviones. _____

Español Mundial 2 SB E, F, G

4 Estás en unos almacenes en España. Escucha la grabación del ejercicio G otra vez y escoge.

1 Al oír el primer anuncio te sientes:
- **a** confuso/a; ☐
- **b** contento/a; ☐
- **c** enojado/a; ☐
- **d** cansado/a. ☐

2 Al oír el segundo anuncio:
- **a** no compras más muebles; ☐
- **b** paras de fumar; ☐
- **c** compras cigarrillos; ☐
- **d** llamas a los bomberos. ☐

3 Al oír el tercer anuncio piensas que los almacenes son:
- **a** muy baratos; ☐
- **b** muy caros; ☐
- **c** muy generosos; ☐
- **d** muy pesimistas. ☐

4 Al oír el cuarto anuncio:
- **a** vas a peinarte; ☐
- **b** te deprimes mucho; ☐
- **c** compras un sombrero; ☐
- **d** no reaccionas. ☐

5 Al oír el quinto anuncio:
- **a** te das prisa; ☐
- **b** vas a los servicios; ☐
- **c** devuelves tus compras; ☐
- **d** vas a la cafetería. ☐

5 Estás solo/a en casa de tus amigos en España. Escuchas los mensajes en el contestador. Escucha y escoge.

a
- **i** El mensaje es para (la madre/el padre/el hijo/la hija).
- **ii** Es un mensaje de (la doctora/el dentista/el farmacéutico).
- **iii** La cita ahora es el jueves (once/veintiuno/treinta y uno).
- **iv** La cita es para (una mañana de mayo/una tarde de marzo).

b
- **i** El segundo mensaje es para (Felipe, José-Luis, Inma).
- **ii** (Felipe, José-Luis, Inma) sacó entradas para los toros.
- **iii** A (Felipe, José-Luis, Inma) no le gustan los toros.
- **iv** Felipe quiere venderle la entrada a (Sara, José-Luis, Inma).
- **v** El número de Felipe es el (4 39 72 61, 4 39 72 71, 4 39 62 71).

c **Escoge. Recuerda que puede haber más de una posibilidad.**
- **i** El mensaje es para (la hermana de Felipe, la abuela, la hija).
- **ii** David se siente (contento, alegre, triste, incómodo).
- **iii** Probablemente tiene (dolor de garganta, un constipado, dolor de cabeza, dolor de muelas).
- **iv** Se siente muy (acompañado, solo, valiente, agresivo).
- **v** El sábado desea pasar el tiempo (con sus libros de texto, solo, con Paco, con Susana, con Dolores).

6 **Listen to the four conversations.** In each of them the person has a problem to do with reading, books etc. Write down the problem and the solution given.

a Problem: ______________________

Suggestion: ______________________

b Problem: ______________________

Suggestion: ______________________

c Problem: ______________________

Suggestion: ______________________

d Problem: ______________________

Suggestion: ______________________

7 **Now listen to the four conversations again. Note how the following are expressed.**

Conversation a

- **i** What would you like? ______________________
- **ii** I would like a Bible. ______________________
- **iii** I'm sorry, sir. ______________________
- **iv** Half an hour ago. ______________________
- **v** Two streets away. ______________________
- **vi** I know it well. ______________________

Conversation b

- **i** He does not want to read. ______________________
- **ii** It seems he learns nothing. ______________________
- **iii** How is he going to like it? ______________________

Conversation c

- **i** Is there a library here? ______________________
- **ii** The town is too small. ______________________
- **iii** What there is, is a bookshop. ______________________

Conversation d

- **i** I can't remember. ______________________
- **ii** Neither the title nor the author. ______________________
- **iii** What are you going to do? ______________________
- **iv** Ask if she can go and change it. ______________________

Español Mundial 2 SB H, I, J, K, L, M, N, O, P, Q

8 Escucha y subraya la respuesta adecuada.

a La fecha es el (uno/dos/treinta y uno) de (julio/agosto).
b Unos (10/20/30) mil coches por hora están saliendo de Madrid.
c Los coches van (a la capital/al sur/a las costas) de España.
d Los conductores deben respetar (las señales de tráfico/a sus familias).

9 Escucha y subraya la respuesta adecuada.

a Clara piensa que el hotel está muy (bien/mal).
b Los niños pasan todo el día en (la piscina/los ascensores/la cama).
c Anoche ya estaban en cama a las (ocho/nueve/diez).
d El marido de Clara lo está pasando bastante (bien/mal).
e Clara piensa que su marido es (más/menos) difícil que sus hijos.

10 Escucha la conversación. ¿Verdadero (V) o falso (F)?

a Enrique está hablando de su móvil. ☐
b Enrique está en Madrid. ☐
c Enrique va a llegar a las 21.30, hora española. ☐
d Sandra cree que en Londres es una hora más tarde. ☐
e Enrique quiere ir directamente del aeropuerto a casarse con Sandra. ☐
f Al llegar a casa Enrique quiere dormir. ☐
g Piensa que las comidas de los aviones son estupendas. ☐
h A Sandra le encanta prepararle la cena a Enrique. ☐

Español Mundial 2 SB R, S, T

11 Rellena con tus palabras.

Querido Antonio:

Unas palabras para decirte que llego el ________________ a las ________________ en el ________________ 127 de Iberia desde Birmingham.

Te veo en el ________________.

Hasta pronto,
Ian

12 Rellena la carta que Vicente escribió desde Brighton con las palabras de la lista.

estáis, son, billar, carta, tiempo, aquí, simpático, muy, bien, familia, pasando, ordenador, playa, quince, mal

Brighton, 27 de julio 2005

Queridos padres:

¿Cómo ________________? Yo estoy muy ________________. Lo estoy ________________ estupendamente bien con la ________________ inglesa. Paul es muy ________________ y está ________________ un primo suyo con nosotros que también tiene ________________ años. No vamos a la ________________ porque hace muy ________________ tiempo pero aprendí a jugar al ________________ y también pasamos mucho ________________ aprendiendo a utilizar el ________________ nuevo de Paul. Las comidas inglesas ________________ un poco raras pero los domingos comemos ________________ bien.

Hasta la próxima ________________.

Un abrazo muy fuerte,
Vicente

13 El tiempo.

Listen to the weather forecast and put the correct symbols on the map.

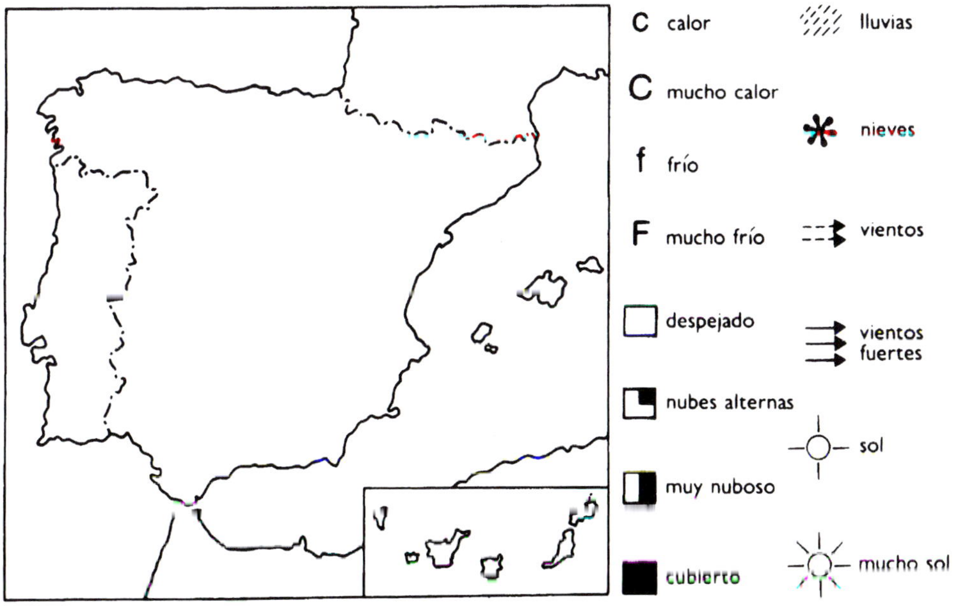

14 Listen and fill in the reservation slip and the details of the hotel prices.

HOSTAL/RESIDENCIA CASTILLO

PRECIOS	con baño	con ducha
Individual	______________	______________
Doble	______________	______________

HOSTAL/RESIDENCIA CASTILLO

Fecha: ______________ Noches: ______________

Individual Sr./Sra./Srta. ______________

Doble Sr./Sra./Srta. ______________

Hora de llegada: ______________

15 Listen and answer the questions in English.

a What is the man looking for? ______________

b Why is he rather desperate? ______________

c How far does he have to travel to the next site? ______________

d What is he advised? ______________

e Where can he find a petrol station? ______________

16 Lee *Trota Mundos* y contesta.

a **Correct the statement below.**

The leaflet advertises mid-week bicycle trips through Madrid in winter.

____

b **Answer the following questions about the organisation of the trips.**

i What are the board and lodging arrangements?

____

ii What is said about lunch arrangements? ______________

iii State three uses of the assistance trailer.

____

iv What can you do if you do not have your bicycle?

____

v What else is included? ______________

____

c Answer the following questions about the holidays offered.

i What does the Madrid region offer?

___

ii How does this company claim to offer peaceful and relaxing holidays?

___

iii Who are the trips designed for? ___

iv How would you return to Madrid at the end of each bicycle trip?

___

d Write an account of the South of Madrid–Toledo trip.

Start: *Salimos del metro de Legazpi en bici a las …*

TROTA MUNDOS

Rutas de Fin de Semana
Alrededor de Madrid

Madrid – nuestra región. Ríos y embalses, paisajes preciosos e imponentes, pueblos y gente, gastronomía, cultura, historia.

Paseando en bici, haciendo ejercicio y relajándonos, tranquilamente por carreteras secundarias, en compañía de gente que comparte nuestros gustos, sin correr ni competir, en contacto con la naturaleza, disfrutando del sol y del aire libre.

Eso es lo que proponemos. Con nuestra experiencia de tres años hemos diseñado rutas por los alrededores de Madrid. La mayoría de las cuales está al alcance de cualquier persona – tenga o no experiencia en bicicleta – y de cualquier edad.

Todas nuestras rutas INCLUYEN:
- ALOJAMIENTO (1)
- DESAYUNO, COMIDA Y CENA (2)
- FURGON DE APOYO que transporta bicis, equipaje y equipos de taller y cocina.
- GUÍAS ACOMPAÑANTES en bici y furgón.
- SEGURO DE ACCIDENTES
- ASISTENCIA MECÁNICA EN RUTA.
- TRANSPORTE DE IDA Y VUELTA A LA RUTA para personas y bicis.

OPCIONAL:
- ALQUILER DE BICICLETAS al precio especial para nuestros viajes de 3€./día.

(1) Siempre en hostal/pensión a excepción de las rutas nº 4, 7, 12 y 13 que se harán en camping.
(2) La comida de mediodía será siempre "de campo", elaborada por nuestro equipo.

Primavera en Bicicleta

19 a 22 MARZO. SUR de MADRID y TOLEDO

Día 1º: Salida de Madrid en bici (Legazpi, 9 h.). Comida de campo. Tarde, noche Aranjuez.
Día 2º: En bici a Toledo. Comida de campo. Tarde y noche en Toledo. Visita a ciudad.
Día 3º: Toledo-Almorox. Parada para comer. Llegada por la tarde-noche.
Día 4º: Excursiones en bici alrededores pantanos de Picadas y S. Juan. Vuelta en bus.

PRECIO: 72€

28 a 29 MARZO. CHINCHON y ARANJUEZ

Día 1º: Salida de Madrid en bici (Legazpi, 9 h.). Tarde y noche en Chinchón.
Día 2º: A Aranjuez junto al Tajo. Visita Aranjuez por la tarde. Regreso en tren.

PRECIO: 33€

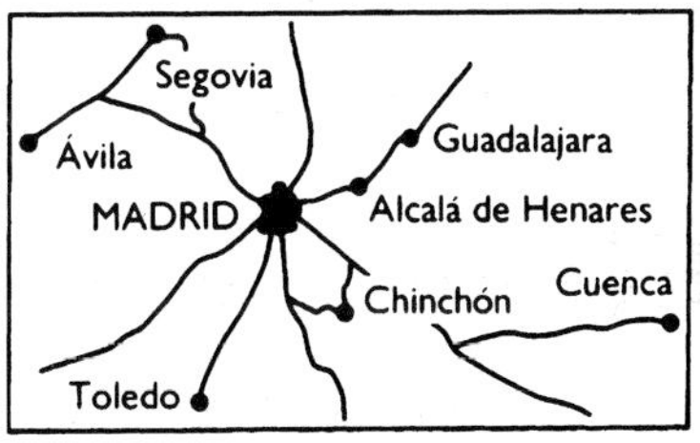

Español Mundial 2 SB U, V, W, X, Y, Z

5 Los medios de comunicación

1 Escribe en español con la ayuda de los ejercicios E y F. (*Español Mundial 2*, página 72)

a I am very sorry. ______

b We are very sorry. ______

c An hour's delay. ______

d 5 minutes ago. ______

e I have been here for 20 minutes. ______

f I want to return the mobile. ______

g It doesn't matter. ______

h It wasn't working. ______

i The queue. ______

j Tickets (cinema). ______

2 ¿Dónde están estas personas?

en el aeropuerto, en la playa, en la farmacia, en la taquilla de teatro, en la estación de ferrocarril, en el puerto, en el instituto, en la joyería

a Lo siento, no puedo terminar los deberes de historia. ______

b Señorita, el reloj que compré ayer no funciona. ______

c No hay entradas para la sesión de tarde. ______

d Las pastillas son muy fuertes. ¿Te duele mucho la cabeza? ______

e De noche no hay trenes a Sevilla. ______

f El barco para Palma de Mallorca sale a las siete. ______

g Solamente puedo tomar el sol unos veinte minutos. ______

h El vuelo Iberia 401 llega con media hora de retraso. ______

3 Escribe el número de cada frase en la casilla del dibujo correcto.

1 Estoy muy aburrida porque estoy constipada y me duele la garganta.

2 Lo siento mucho pero no podemos aceptar la responsabilidad.

3 Hay que hacer cola.

4 Tengo la piel muy quemada porque no me puse bronceador.

5 Quisiera devolver esta radio porque no funciona bien.

6 Perdí mi bolso en el autobús esta mañana y no tengo dinero.

7 ¡Llevo tres cuartos de hora esperándole!

8 El tren para Calatayud salió hace 10 minutos.

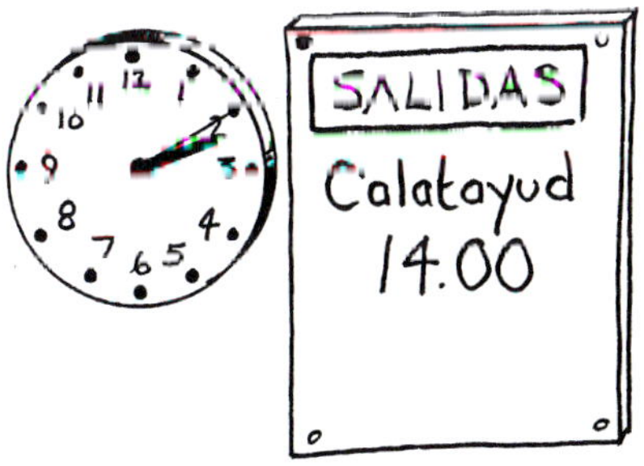

a

b

c

d

e

f

g

h

4 Escucha y elge el dibujo.

a ¿Cuál de los dos bolsos es el de tu madre?

i

ii

b ¿Qué pasó?

i

ii

c ¿Qué devuelve Jorge?

i

ii

d ¿Qué tipo de revista es *Twenty*?

i

ii

e ¿Por qué no puedes jugar al tenis?

i

ii

f ¿Cuánto tiempo más tienes que esperar?

IB972	Llegada 14.50	Retraso 90 minutos
IB972	Llegada 14.50	Retraso 20 minutos

g ¿En qué cine estás?

	TARDE a las 7	NOCHE a las 10.15
REX	LLENO	HAY ENTRADAS
GOYA	HAY ENTRADAS	HAY ENTRADAS

5 ¿Quién? ¿Quiénes? Lee los mensajes siguientes y contesta las preguntas.

a ¿Quién está enfadado con su hijo? ______________________
b ¿Quién está enfadado con su amiga? ______________________
c ¿Quién cree que su marido fuma demasiado? ______________________
d ¿Quién no tiene la ropa limpia? ______________________
e ¿A quién le gusta estar acompañado? ______________________
f ¿Quiénes han tenido que salir de repente? ______________________
g ¿Quién llamó urgentemente? ______________________
h ¿Quién tiene su dormitorio desordenado? ______________________
i ¿Quién compra muchos cigarrillos todos los días? ______________________
j ¿Los padres de quién han vuelto muy tarde a casa? ______________________
k ¿Quién no puede ver la tele? ______________________
l ¿Quién no ha dicho la verdad? ______________________

Ha llamado el médico del abuelo y nos hemos ido al hospital.
Mamá y papá

Juan: Entré en tu habitación y estaba que daba asco. Este fin de semana no sales.
Papá

El cenicero estaba lleno a tope. ¿Qué quieres? ¿Morir de cáncer?
Dolores

Creo que han cortado la luz. La ropa está en la lavadora. Mejor dejarla dentro por si vuelve la electricidad.
Leopoldo

Pilar: Yo estaba en la discoteca cuando tú estabas bailando con Miguel. ¿Por qué mientes?
Felipe

Ya eran las doce. Tenía miedo solo en la casa y me fui a casa de la vecina.
Jorge

6 ¿Quién también pudo haber dicho esto en su mensaje?

a Los libros están en la cama, la ropa en el suelo, la ventana abierta. ¡Qué desastre! ______________________
b Vamos pronto, que está en cuidados intensivos. ______________________
c No te vi, así que bailé con él. ¡Dios mío, qué celos! ______________________
d Te prometo que el día de mi cumpleaños lo dejo. ______________________
e Oí un ruido muy extraño en la cocina y me dio terror. ______________________
f No voy a tener nada seco para la fiesta esta noche. ______________________

7 Tu amigo español ha recortado estos programas para ver en la tele. Lee y contesta.

20.25 / TVE-1

'La España salvaje'
Otoño es el capítulo de hoy de la serie documental *La España salvaje*, presentada por el príncipe Felipe.

21,30 Salto a la fama. Programa que pretende servir de plataforma para el lanzamiento de la carrera de distintos artistas noveles. Presentado por Eugenia Santana.

21.45 **La película de la semana.** «Un hombre inocente». EEUU. 1989. 108 minutos. D: Peter Yates. I: Tom Selleck y F. Murray Abraham. A consecuencia de un error policial, un hombre sencillo es condenado a seis años de cárcel. El tiempo que pasa en prisión y las terribles experiencias que vive no impiden que él y su familia reclamen justicia por un delito que no ha cometido. (Ver sección «Películas»). —9342213

22.15 / TVE-1

'Supershop'
Haga sus compras por teléfono o Internet. Artículos de deportes, para la casa, ropa y demás.

a In which programme can you see a member of the Royal Family?

____

b Which programme is for young performers seeking fame?

____

c At what time is your friend intending to do some shopping?

____

d How do you know that the accused in the film is not guilty?

____

8 Empareja.

i La España salvaje ☐
ii La película de la semana ☐
iii Salto a la fama ☐
iv 'Supershop' ☐

a se puede hacer compras desde el ordenador.
b trata de una gran injusticia.
c es para gente que quiere ser célebre.
d es un programa de zonas rurales.

AYUDA

cadena perpetua	*life imprisonment*
célebre	*famous*
recortar	*to cut out*
salvaje	*wild*
sencillo/a	*simple*
el/la protagonista	*main character*
trata de	*is about*

9 Según los datos que nos dan sobre la película, escoge las frases que son verdaderas.

a La protagonista es una mujer sencilla. ____

b La decisión de la policía no es correcta. ____

c Le condenan a cadena perpetua. ____

d Lo pasa mal en la cárcel. ____

e Su familia se interesa por él. ____

f La película dura más de 90 minutos. ____

10 Completa.

a Mis programas preferidos son ____

porque ____.

b Nunca veo los programas de ____

porque ____.

c Mi canal preferido es ____

porque ____.

Escoge.

d El Telediario es importante porque

i contiene muchos dibujos animados; ☐

ii es un programa para niños; ☐

iii nos informa de las noticias mundiales. ☐

e En la tele hay mucha violencia, creo que

i es bueno para la salud; ☐

ii es malo para la juventud; ☐

iii es interesante para los adultos. ☐

11 Escucha la grabación y escoge.

a **i** La chica pregunta si Ricardo vio la película (ayer/anteayer).

ii Ricardo dice que es la (tercera/cuarta) vez que la ve, pero la primera vez en (blanco y negro/color).

b **i** La señora dice que en (verano/invierno) repiten muchos programas,

ii y que más gente ve la tele en invierno porque se sale (más/menos).

c Five people are asked if TV has benefited society.

i The first man says that it's a way of ____ the public.

ii The lady says that it has its advantages and disadvantages (*sus pros y sus contras*).

Pros:

1 ____

2 ____

But on the other hand (*por el contrario*):

3 ____

iii The young man has no TV.

1 Why not? ______________________________

2 What does he think TV has changed? ____________________

3 Does he think it is a good thing? ____________________

iv The young girl, before she is interrupted by the man, says that

1 choosing programmes which may be ____________________ ____________________ is ____________________.

2 She also thinks that it is important not ____________________.

3 The man states that he ____________ TV and that right now (*ahora mismo*) he's off ____________ because he never misses ____________.

4 He says he is going because it's ____________ and he asks ____________ that it should never ____________.

12 **Find the following:** two game shows, a documentary, two music programmes, three sports programmes, learning to play a sport, a programme about work, a bullfight, a money programme, a film, a programme about worried parents, Open University, checking your lucky numbers, cartoons, cooking, News, and practical advice.

TVE 1	
09.10	zon@ Disney
10.15	Saber vivir (magazín)
11.10	Música uno
13.30	La cocina de Arguiñano
15.00	Telediario 1
16.00	Cine: Dulce Venganza (2000)
19.00	Toros desde Las Ventas
20.45	Fútbol: Eurocopa de Selecciones. Portugal 2004: España – Rusia
01.45	Deporte.es
02.15	Economía

LA 2	
08.00	Los conciertos de La 2
09.00	U.N.E.D
09.30	Aquí hay trabajo
12.30	Escuela del deporte
14.15	El rival más débil (concurso)
15.15	Saber y ganar (concurso)
15.45	Grandes documentales
16.30	Ciclismo. Vuelta a Cataluña
19.15	Padres en apuros
21.55	Sorteo de la Lotería

Español Mundial 2 SB J, K, L, M, N, O, P, Q, R, S, T, U, V, W, X, Y

13 Rellena con las palabras de la lista.

libros, películas, diccionarios, temas, humor, librería, euros, teatro, diario, policíacas, deportes

Carlos

Las novelas ________________ me encantan.

Marisé

A mí me gustan los ________________ y leo bastante en inglés.

Cristina

Leo mucho. Autobiografías, obras de ________________, poesía y libros de humor también.

Maribel

No leo tanto como quisiera; más bien revistas y el ________________. Cuando tengo tiempo una novela, ________________ de historia y sí, me interesan mucho las biografías.

María José

Yo siempre que paso por una ________________, entro y me pongo a mirar. El jueves fui a una a comprar regalos para la familia para Reyes. Salí con libros de ________________, novelas, ciencia-ficción, biografías, libros de historia. Gasté cerca de cien ________________ y todo para otra gente, para mí no compré nada.

Ricardo

Pues a mí los libros que me gusta leer son de cosas divertidas o de ________________ actuales, no sé... como un libro para jóvenes, sobre todo me gustan de historia o de aventuras normalmente. Y lo que me gusta ver en la televisión pues normalmente son los dibujos animados y series de ________________ y luego ________________ también de aventuras o de misterio.

14 Listen to the radio programmes including the news, and answer the following.

a
- **i** José Franco has written from ________________.
- **ii** He says he always listens to the programmes with his ________________ and ________________.
- **iii** He would like ________________ ________________ pennants.
- **iv** He says he is ________________ years old and his ________________ is ________________.
- **v** He says they listen to the programmes from ________________.

b You are in Madrid for a while and would like to go to the shoe exhibition.
- **i** When is it taking place?
- **ii** The collection for which seasons will be on show?
- **iii** Where and on what floors is it taking place?

c The reporter from Oviedo says that she has bad news of a storm at sea off the Asturian coast.
- **i** What details does she give?
- **ii** How long has it been going on for?
- **iii** What is happening at the ports?
- **iv** What is the weather forecast for tomorrow?

d You wanted to go to Cáceres for the annual fair (*feria*) but there has been a change. What do you now know?

The news

e An ETA terrorist today has been handed over to the Spanish authorities.
- **i** By whom?
- **ii** How many have been handed over altogether?
- **iii** In the protest demonstration that ensued, what were burnt?
- **iv** What was disrupted?

f Iberia flights will take a new route via the North Pole to Japan.
- **i** On which days will there be Tokyo to Madrid flights?
- **ii** When will the flights start?
- **iii** How much shorter will the flights be?

g A boat with people secretly going from the Dominican Republic to Puerto Rico has sunk.
- **i** Who is looking for survivors? (*supervivientes*)
- **ii** How many more or less (*al parecer*) were on board?
- **iii** How many have been rescued? (*rescatados/as*)

h General strike in Chile.
- **i** When did it take place?
- **ii** Ten (*una decena*) ______________ were destroyed.
- **iii** Who was injured and why?

15 **Escribe.**

Use *Aprende 25* to help you complete the following tables.

vestirse (present tense)	*to get dressed*
me visto	______________
__________ vistes	*you get dressed*
se __________	*he/she gets dressed*
nos __________	______________
__________ vestís	______________
se __________	*they get dressed*

reír(se) (preterite tense)	*to laugh*
me reí	*I laughed*
__________	______________
se rió	______________
__________ reímos	______________
os __________	*you all laughed*
__________	*they laughed*

Remember: me estoy vistiendo *or* estoy vistiéndome
I am getting dressed

16 Escribe.

From the illustrations and new vocabulary complete the eyewitness account of the fire.

Ayer por la tarde a las  ______________ fui a casa de mi  ______________ en  ______________. Al pasar por la  ______________ que está enfrente, vi que había  ______________ saliendo por debajo de la  ______________. En el  ______________ piso había una  ______________ gritando desde la  ______________. Subí las  ______________, llamé al  ______________ y mi  ______________ llamó a los  ______________. Llegaron a  ______________ y ya había mucha  ______________ en la  ______________. El  ______________ era muy intenso pero afortunadamente rescataron a la  ______________ y apagaron el  ______________ sin problemas.

17 a Escucha y lee.

Carmen ha quedado con Pablo en la entrada del metro de Callao. Es sábado y son las siete de la tarde.

Carmen: Hola, Pablo. ¿Qué tal? ¿Qué hay de nuevo?

Pablo: Regular, regular, como siempre.

Carmen: Estoy un poco cansada hoy. ¿Adónde quieres ir?

Pablo: No sé. ¿Qué quieres hacer tú?

Carmen: Primero quiero ir a McDonald's a cenar y después quiero ir al cine.

Pablo: Mira, Carmen, cuidado, que yo no soy millonario. Sólo tengo seis euros.

Carmen: Entonces no quiero salir contigo. Me voy a casa. Adiós.

Pablo: Bueno, espera un momento, creo que tengo unos euros en el otro bolsillo.

Carmen: ¡Vale! Me quedo. Vamos a McDonald's, que tengo mucha hambre.

Entran en McDonald's. Carmen toma tres hamburguesas, un batido de chocolate y dos zumos de naranja. Pablo no come nada pero paga doce euros.

Pablo: Bueno, vamos a la discoteca. Conozco una donde hay mucho ambiente y no está muy lejos.

Carmen: ¡Ni hablar! Lo siento, Pablo, pero yo tengo novio y no puedo ir a bailar contigo. Él está trabajando esta noche y no puede salir conmigo. Pero al cine sí voy.

Pablo: Entonces, adiós. ¡No estoy loco! Ve mañana con tu novio. Me voy. Adiós.

b Read and listen to the conversation between Carmen and Pablo again.
Use it to help you write the Spanish for the following.

at the tube entrance ____________________

a milkshake ____________________

it's Sunday ____________________

as usual ____________________

I think I have ____________________

I'm a little tired ____________________

I know a disco ____________________

How are things? ____________________

it's not far ____________________

I'm not crazy ____________________

I have a boyfriend ____________________

I only have ____________________

wait a moment ____________________

I'm sorry ____________________

Where do you want to go? ____________________

What's new? ____________________

first of all ____________________

tonight ____________________

What do you want to do? ____________________

I don't know ____________________

I'm off! ____________________

Fine, I'll stay ____________________

I can't go ____________________

I don't eat anything ____________________

let's go ____________________

I'm very hungry ____________________

18 Lee y anota.

'Rambo' en la Costa del Sol

Manuel G., de 42 años de edad, fue detenido anteayer por la policía en el parque de atracciones de las afueras de Fuengirola. El detenido, que tuvo que ser reducido por la fuerza, había disparado al menos seis veces con una pistola de aire comprimido en el centro del parque y en medio de una muchedumbre de veraneantes.

Afortunadamente ninguno de los disparos causó daños personales.

Al principio todos creyeron que los tiros provenían de uno de los concursos de fusiles pero la alarma fue dada por una joven que había visto al delincuente salir de los aseos con el arma en la mano. Más tarde la policía comprobó que éste había efectuado dos disparos en los aseos, rompiendo un espejo y algunos de los azulejos.

Según Fuentes de la policía, en el piso del susodicho Manuel G. han hallado otra pistola, un machete y dos navajas de grandes dimensiones.

AYUDA

el azulejo	***tile***
comprobar	***to prove/confirm***
detener	***to arrest***
disparar	***to shoot***
la muchedumbre	***crowd***
la navaja	***knife/dagger***

Robo de más de 21 mil de joyas

La Guardia Civil ha detenido a un joven en la localidad de Almería. El detenido, un fontanero de 24 años de edad, había robado unas joyas de un apartamento en el centro de la ciudad. La dueña del apartamento afirmó que el robo ocurrió el martes pasado a una hora en la que normalmente no está en casa pero que en esta ocasión había vuelto temprano a causa de un dolor de cabeza. Entró en su piso, sorprendiendo al joven, que saltó por la ventana a toda prisa. Éste sufrió numerosas contusiones al caer sobre un árbol y se rompió el brazo izquierdo.

Según la policía se han recuperado todas las joyas robadas, valoradas en más de 21 mil euros.

AYUDA

la contusión	*bruise*
la dueña	*owner*
el fontanero	*plumber*
recuperar	*to recover*
romper(se)	*to break*

a What was the crime and where did it happen? ______

b When did it take place? ______

c Were there any casualties? If so, describe them.

______

d Have the police released any further information?

______

Coloca los siguientes titulares sobre la correspondiente noticia.

e La policía detiene al autor del robo

f La policía detiene a un hombre que disparó seis veces en un parque de atracciones

Corrige las frases siguientes.

g **i** El autor del robo de las joyas es vendedor ambulante.

______

ii Cometió el delito el jueves pasado.

______

iii La dueña del piso volvió porque había olvidado sus tarjetas de crédito.

______

h **i** La policía detuvo ayer a Manuel G. cerca de Málaga.

______

ii Un hombre joven, de unos veinte años, dio la alarma al ver a Manuel salir de los aseos con una navaja en la mano.

______

iii Manuel posee un cuchillo grande.

______

Contesta estas preguntas sobre cada historia.

i **i** ¿Dónde ocurrió? ______

ii ¿Cuándo ocurrió? ______

iii ¿Hubo víctimas? Si las hubo, ¿cuántas? ______

iv ¿De qué nos informó la policía? ______

6 La salud

1 Pon la frase en forma de pregunta.

Ejemplo: No salí porque estaba enferma. *¿No saliste porque estabas enferma?*

a Hice todo lo que me dijo el médico. ______

b No salí porque tenía dolor de cabeza. ______

c Quise salir pero no pude. ______

d Fui en la ambulancia pero vine a casa en taxi. ______

e Fui por ella a la clínica y la traje en mi coche. ______

f No sabía dónde estaba la clínica y no quise preguntar por teléfono. ______

______

2 Escribe el verbo entre paréntesis en la forma correcta del pretérito. Primero escríbelo en primera persona del singular (*yo*).

(Use the verb tables at the end of *Español Mundial 2* to help you.)

La semana pasada ______ (viajar) al pueblo de mi madre para pasar unos días con mis tíos. El primer día ______ (visitar) el museo y el castillo medieval. A la vuelta, ______ (entrar) en un centro comercial, ______ (mirar) muchos escaparates y ______ (comprar) algunos regalos para mi familia. Luego, ______ (coger) un autobús que me ______ (llevar) al barrio de mis tíos. Una vez en casa, ______ (ayudar) a mi tía a hacer la cena y ______ (quitar) la mesa. No ______ (lavar) los cacharros porque mi tía tiene lavavajillas. Después de cenar, me ______ (encontrar) con unos amigos en la plaza del pueblo. ______ (dar, pl.) un paseo por el centro y nos ______ (sentarse, pl.) en un café a tomar una Coca-Cola. ______ (charlar, pl.) y nos ______ (reírse, pl.) mucho. Después de un rato, ______ (volver) a casa a pie. Me ______ (lavarse) los dientes, ______ (hablar) un poquito con mis tíos y me ______ (acostarse). ______ (dormir) muy bien, pero ______ (echar) de menos mi cama y a mi hermana pequeña.

3 Escribe el verbo entre paréntesis en la forma correcta de la tercera persona (*él/ella*) del pretérito, y cambia los pronombres o adjetivos en negrita.

(Use the verb tables at the end of *Español Mundial 2* to help you.)

La semana pasada ______ (viajar) al pueblo de **mi** madre, para pasar unos días con **mis** tíos. El primer día ______ (visitar) el museo y el castillo medieval. A la vuelta, ______ (entrar) en un centro comercial, ______ (mirar) muchos escaparates y ______ (comprar) algunos regalos para **mi** familia. Luego, ______ (coger) un autobús que **me** ______ (llevar) al barrio de **mis** tíos. Una vez en casa, ______ (ayudar) a **mi** tía a hacer la cena y ______ (quitar) la mesa. No ______ (lavar) los cacharros porque **mi** tía tiene lavavajillas. Después de cenar, **me** ______ (encontrar) con unos amigos en la plaza del pueblo. ______ (dar, pl.) un paseo por el centro,

nos ________________ (sentarse, pl.) en un café a tomar una Coca-Cola. ________________ (charlar, pl.) y **nos** ________________ (reírse, pl.) mucho. Después de un rato, ________________ (volver) a casa a pie. **Me** ________________ (lavarse) los dientes, ________________ (hablar) un poquito con mis tíos y me ________________ (acostarse). ________________ (dormir) muy bien, pero ________________ (echar) de menos **mi** cama y **a mi** hermana pequeña.

4 Completa las siguientes frases en el pretérito.

Ejemplo: Yo / nadar / piscina → *Yo nadé en la piscina.*

a Ella / ayudar / su madre. ________________

b Yo / jugar / baloncesto / con amigas. ________________

c Él / empezar / curso / universidad. ________________

d Yo / buscar / dinero / que / perder. ________________

e Vosotros / escribir / carta / vuestros padres. ________________

f Ellos / perder / avión / Méjico. ________________

g Nuestro equipo / perder / partido. ________________

h Yo / dar / noticia. ________________

i Ella / dar / regalo / su prima. ________________

j Él / dormir / hasta / doce. ________________

k Ellos / sentir / hambre / y / comer. ________________

l Tú / no / mentir. ________________

m Yo / le / pedir / perdón. ________________

n ¿Tú / ya / pedir / cuenta? ________________

o Luis / no / pedir / nada / restaurante. ________________

p El presentador / leer / noticias. ________________

q Mis padres / no / oír / nada. ________________

r ¿Tú / oír / lo que ha pasado? ________________

s ¿Ellos / leer / noticia? ________________

t Ella / no / dormir / bien / cama. ________________

Español Mundial 2 SB K, L, M, N, O, P, Q, R, S, T

5 Completa las frases.

¿Crees que llevas una vida sana?

No debes ______________.

Tienes ______________ organizar tu tiempo de estudio.

______________ hacer ejercicio.

______________ comer fruta y legumbres a diario.

Debes ______________ los dientes después de las comidas.

Tienes ______________ acostarte temprano.

6 Responde.

a ¿Vas al médico cuando te duele la cabeza?

____

b ¿Te duele el estómago cuando comes demasiado?

____

c ¿Qué haces cuando tienes dolor de muelas?

____

d ¿Te duelen los ojos cuando pasas mucho tiempo delante del ordenador?

____

e ¿Te duele la vista cuando lees por mucho tiempo?

____

f ¿Te duele la mano cuando escribes mucho?

____

g ¿Te duele la cabeza si respiras humo de un cigarrillo?

____

h ¿En qué ocasiones te duele la espalda?

____

i ¿Cuándo te duelen los oídos?

____

j ¿Cuándo te duele el cuello?

____

Español Mundial 2 SB U, V, W, X

7 Lee la historia de Rafa y contesta las siguientes preguntas.

LLEVA CUATRO MESES ESPERANDO UN TRASPLANTE

RAFA, SIETE AÑOS, NECESITA UN CORAZÓN

Rafael Pacheco Gómez, un niño de la Provincia de Huesca de siete años de edad, necesita un corazón. Puede morir en muy poco tiempo si no se le realiza un trasplante con toda urgencia.

Rafa, como le llaman en casa, es un niño guapo, rubio, con enormes ojos negros. Es inteligente y le gusta leer. Ahora pasa mucho tiempo escuchando la radio pero apenas habla, apenas sonríe y nunca se ríe. Se cansa el corazón de Rafa con el más mínimo esfuerzo. El corazón de Rafa no le permite reírse.

Rafa, tercer hijo de María Gómez y Miguel Pacheco, lleva casi cinco meses en el hospital Ramón y Cajal, de Madrid. El médico que le atiende nos explica que requiere un trasplante con toda urgencia pero que todavía no han encontrado un corazón que le convenga.

Su abuela, Juanita, nos cuenta con tristeza: – Es un niño valiente. Nunca se queja. Sabe que está muy enfermo y que necesita un corazón. Llevamos casi cinco meses esperando y esperamos hasta el final. Pero un corazón es la única cosa que puede salvarle la vida.

a How old is Rafael and what does he look like?

b What are his interests?

c How long has he been in hospital, and is it the hospital in his home town?

d What is his medical condition?

e Give two details that tell us that his condition is extremely serious at present.

f Is Rafael an only child?

g Who is Juanita?

h How is Rafael coping with his condition and does he realise he is seriously ill?

i Why has he not yet had the operation he needs?

j From what Juanita says, how optimistic is the family about Rafael's future?

k Why do we know that Rafa is very brave?

Si no quieres tener problemas ... ¡CUÍDATE!

No fumes. No abuses del alcohol. No pruebes las drogas. Aliméntate bien, de forma equilibrada. No comas demasiado picante ni abuses de las bebidas gaseosas. No tomes demasiado azúcar ni dulces. No comas muchas grasas. Haz ejercicio regularmente. Haz una vida sana. Aprende a relajarte y a pasarlo bien. Sé positivo y ayuda a los demás a sentirse bien. No corras riesgos innecesarios. No vuelvas solo/a a casa muy tarde de noche. No vayas en coches de amigos que conducen de forma peligrosa. Lávate los dientes después de cada comida. Ve/acude regularmente al dentista. Cuídate la vista: lee solamente donde haya buena luz.

Si pasas tiempo delante del ordenador, usa una buena silla y adopta una buena postura. Evita situaciones de estrés: haz los deberes y no discutas con tu familia. Debes dormir al menos ocho horas cada noche. Si puedes, descansa un poco al mediodía. Relaciónate con gente buena.

8 Busca los ocho consejos en el texto que no aparecen abajo y escríbelos con su significado en inglés.

- No fumes
- No pruebes las drogas
- No comas muchas grasas
- No corras riesgos innecesarios
- No vuelvas solo/a a casa muy tarde de noche
- Lee solamente donde haya buena luz
- Evita situaciones de estrés
- No discutas con tu familia
- Relaciónate con gente buena
- Aliméntate bien
- Haz ejercicio regularmente
- No abuses de las bebidas gaseosas
- Sé positivo/a y ayuda a los demás a sentirse bien
- Lávate los dientes después de cada comida
- Haz los deberes
- Si pasas tiempo delante del ordenador, usa una buena silla
- Debes dormir al menos ocho horas cada noche

9 Escucha y rellena los textos con las palabras de la lista.

enfermedades, kilos, médico, dieta, sano

Exceso de peso

Engordar más ________________ de lo que te es ________________ te predispone a sufrir tales ________________ como la artritis y la diabetes. Además de pedir una ________________ al ________________, intenta estos adelgazantes.

apetito, mediodía, comer, principal, fruta, día

Menos golosinas

En vez de ________________ galletas o bombones, come ________________ a lo largo del ________________ pero deja ________________ para la comida ________________, la del ________________.

perro, estudios, ejercicio, compañero, ambos

Haz más ejercicio

Búscate un ________________ de ejercicio (¡un ________________ es ideal para correr juntos!) y así os motiváis a adelgazar. Se han hecho ________________ que comprueban que hacer ejercicio junto con un compañero ayuda a ________________ a adelgazar más que cuando cada uno hace ________________ solo.

dormir, se aburren, disminuye, camina, hay que, estar

Vida sana

Igual que los adultos, los niños también ________________ fácilmente. Intenta no estar mucho tiempo sentado y ________________ cuando puedas. También es muy importante ________________ bien para no estar cansado durante el día. Según un estudio realizado en Los Estados Unidos, ________________ dormir por lo menos ocho horas cada noche. Si te pierdes una hora de dormir, tu cuota de inteligencia ________________ por dos puntos y por las siguientes horas un punto más por cada hora. Entonces, ¡procura dormir tus horas para ________________ en forma mental y físicamente!

Español Mundial 2 SB Y, Z(a), (b), (c)

10 Escucha las contestaciones y primero intenta escribirlas. Luego decide a cuáles de estas preguntas pertenecen.

1 ¿Te preocupa tu salud?
2 ¿Te interesa estar en forma?
3 ¿Crees que estás en forma?
4 ¿Qué haces cuando estás resfriado/a (constipado/a)?
5 ¿Has tenido problemas serios de salud?
6 ¿Cuáles son tus problemas?
7 ¿Qué cosas te aburren?
8 ¿Hay muchas cosas que hacer en la zona donde vives?
9 ¿Está tu barrio bien comunicado?
10 ¿De qué cosas tienes miedo?

11 Rellena con *ser* en el pretérito.

Ser en el pretérito es igual que *ir*:
fui, fuiste, fue, fuimos, fuisteis, fueron

a Ahora es piloto pero ________________ ingeniero. (fui/fue)
b ________________ profesora y dentista pero ahora soy doctora. (fui/fue)
c El profesor se enfadó con nosotros porque ________________ muy maleducados. (fui/fuimos)
d Los dos ________________ expulsados por el árbitro. (fue/fueron)
e Gracias por devolver el dinero, ______________ muy honradas. (fue/fuisteis)
f Aquí tienes chocolate porque ________________ muy bueno hoy. (fue/fuiste)

12 Con tu compañero/a. ¿En qué situaciones te pueden decir lo siguiente?

no salgas; no vuelvas tarde; haz lo que te dicen; termina lo más pronto posible; sal de aquí; acuéstate; ponte un jersey; no comas tanto; di la verdad; no mientas; ten cuidado; no seas maleducado/a; termina los deberes; ten paciencia; bebe más; no pongas las manos allí; no tengas miedo de él; no vengas solo/a; no llores.

Español Mundial 2 SB Z(d)

7 Deportes, fiestas y costumbres

1 Lee el artículo y rellena el horario de la visita a Cádiz.

Read the article on the students' visit to Cádiz and complete their timetable.

	19	20	21
Mañana		Tarifa	
Tarde	Jerez		
	Bodegas		
Noche			
			maletas

2 Complete the following account of a similar trip planned for a group of students.

Lunes, 12 de julio:

Por la mañana visitarán el  ________________ y después de almorzar irán a la  ________________ antes de visitar la parte vieja de la ciudad con la posibilidad de sacar  ________________.

Martes, 13 de julio:

 ____________________________ se levantarán, visitarán la  ________________ y el  ________________ y después de un almuerzo ligero cogerán el  ________________ a la  ________________ donde se reunirán con un grupo de estudiantes españoles. Tendrán 4½ ________________ horas ________________ libres para tomar el  ________________ y bañarse. Volverán al  ________________, se cambiarán, y saldrán para una  ________________ en un restaurante cercano con sus  ________________ españoles.

Miércoles, 14 de julio:

Manana libre. Por la tarde habrá un programa dc  ________________ y los estudiantes tendrán que escoger los que

les gustan. Por ejemplo, el  ________________, la  ________________,

el  ________________ y la  ________________  ________________ volverán al hotel para una

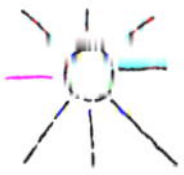 ________________.

3 Rellena estos deportes o juegos cada uno con una letra del alfabeto.
(Each letter is used only once.)

a b c (ch) d e f g h i j k l (ll) m n o p q r s t u v w x y z

el __aloncesto el __útbol el __olf el __enis el tenis de __esa el ba__onmano el __óleibol
el __tletismo el rugb__ el béi__bol la __ípica el __arate el bi__ __ ar el ajedre__
el __iclismo la __esca el bo__eo los __ardos la __quitación el __emo la __atación
el es__uí el j__do el __ater-polo el t__ro al arco los __uegos __límpicos lu __ __a libre

Español Mundial 2 SB E, F, G, H, I, J, K, L

4 Lee y escoge o adapta según tus intereses y costumbres.

a ¿Eres deportista?
- Sí. Me gusta todo tipo de deporte y me entreno con mi equipo de baloncesto dos veces por semana.
- No, nada. Me gusta ver los deportes pero practicarlos, no.

b ¿Te interesa el deporte? ¿Por qué?
- No mucho ... a veces veo algún partido de fútbol en la televisión pero nada más.
- Sí, bastante. Me gusta ver el atletismo, el tenis y el fútbol en la televisión y juego al fútbol y al baloncesto también.

c ¿Practicas algún deporte?
- Sí, es bueno para la salud hacer algún tipo de deporte, y es divertido. En verano nado mucho y monto en bicicleta, y en invierno juego al bádminton y hago esquí.
- Sí, juego al fútbol y monto en bicicleta.
- No regularmente. A veces voy a nadar y voy a un gimnasio, cerca de mi casa.

d ¿Cuándo practicas deporte?

- La verdad es que no tengo mucho tiempo para dedicar a los deportes. Voy a la piscina dos o tres veces al mes pero no practico ningún otro deporte.
- Por el momento sólo los fines de semana. Los sábados siempre hay un partido de fútbol y los domingos voy a la piscina con mi hermana.

5 Rellena las frases siguientes con las palabras escritas abajo.

líderes, minuto, países, mundo, tablas, estadounidense

a El récord del ______________ lo tuvo el italiano Mennea durante muchos años.
b En el último encuentro entre los dos ______________ ganaron los sudafricanos por 15–12.
c El último encuentro entre Karpov y Kasparov terminó en ______________.
d Este año fue eliminado por el ______________ Michael Chang.
e La gran sorpresa fue cuando las Islas Féroe empató en el ______________ 47.
f El primer encuentro entre los probables ______________ será en octubre.

6 Con la información de los titulares arriba contesta las preguntas.

Anatoly Karpov vence al resto del mundo a través de Internet.
En cuatro horas y media venció a trescientos usuarios de la red.

El Bilbao mete los dos primeros goles pero pierde 2–3

ESPAÑA CONTRA Inglaterra (1–0)
Contentos con el gol pero no con el juego.

Doble medalla de oro para el atleta estadounidense en 200 y 400 metros lisos.

Los All Blacks de Nueva Zelanda derrotaron a Sudáfrica.

Comienza la liga ACB de España. Barça y Real Madrid favoritos indiscutibles.

a ¿Quién jugó bien al principio pero mal después? ______________
b ¿Quién ganó dos competiciones? ______________
c ¿Quiénes pensaron que aunque ganaron no jugaron bien? ______________
d ¿Qué equipos pueden ganar la liga de baloncesto? ______________
e ¿Quién jugó y derrotó a muchos por ordenador? ______________
f ¿Sudáfrica ganó o perdió el partido de rugby? ______________

7 **Read the information on the leaflet and answer the questions in English.**

a When did these events take place? ____________________

b How could you put down your name for an event? ____________________

c What was the latest time you could enter an event? ____________________

d What was the cost of entering an event? ____________________

e Who received prizes in all the events? ____________________

f What was every participant given? ____________________

g What do the organisers reserve the right to do? ____________________

8 Now answer in Spanish.

a ¿Cuántas carreras de ocho mil quinientos metros había? ____________

b ¿Cuántas carreras de cuatro mil doscientos cincuenta metros había? ____________

c ¿Qué carreras había para chicas de doce años? ____________

d ¿Qué carreras había para chicos de ocho años? ____________

e ¿Qué carreras había para señoras de cincuenta años? ____________

f ¿Qué carreras había para chicas de dieciséis años? ____________

g ¿Qué carreras había para chicos de diecinueve años? ____________

h ¿Qué carreras había para hombres de noventa y nueve años? ____________

9 Escucha a Blanca hablando de sus vacaciones de invierno y rellena.

Blanca says she likes skiing because both her ____________ and her ____________ are keen skiers and so she started skiing ____________. She was lucky enough to go at least ____________ times a year and used to go with ____________ and stay in ____________ in the famous resort of La Molina. Blanca has ____________ brothers and sisters and ____________ like skiing. She herself ____________ sports and says that she goes to ____________ whenever she ____________ because ____________ is her favourite sport.

CATALUÑA: CAMPAMENTOS DEPORTIVOS

¿Quieres perfeccionar tu deporte favorito o aprender uno nuevo?

¿Tienes más de diez años y menos de diecinueve?

¿Tienes dos semanas libres en junio o julio?

Llámanos ahora mismo al 301 89 89.

Inscríbete en uno de nuestros cursos de quince días, organizados y subvencionados por la Generalitat. Puedes aprender las reglas básicas del deporte o adquirir mayor destreza en tu deporte preferido. Veintitrés campamentos.

Precio único de inscripción: 120€

Para más información dirígete a Calle Jondo, 20.

Tel: 301 89 89

AYUDA

adquirir (*ie*)	*to acquire*
la destreza	*skill*
inscribir(se)	*to register, put your name down for*
la regla	*rule*
subvencionado/a	*subsidised*

10 **a Read the advert on p. 58 and use it to help you write two ways of saying each of the following.**

i two weeks ______________ ______________

ii you can learn a new sport ______________ ______________

____

iii I want to improve at my favourite sport ______________

____

b Rellena según la información que tienes de los campamentos deportivos.

La Generalitat organiza ______________ durante los meses de ______________ y ______________. Los cursos duran ______________ y los participantes deben tener entre ______________ y ______________ años de edad. Tienen que pagar ______________ euros. Para más detalles hay que ______________ al 301 89 89. Hay ______________ campamentos en Cataluña este año.

11 **Rellena con el siguiente vocabulario.**

personas, jugador, televisión, con, ganó, perdió, asistieron, perdieron, española, cero, bueno

a El Real Madrid empató ______________ el Bilbao.

b El Zaragoza ______________ ante el Barcelona.

c El Celta ______________ por dos goles a cero.

d Cerca de 50.000 ______________ ______________ al partido.

e El resultado fue cero a ______________.

f El ______________ del Zaragoza fue expulsado en el minuto 47.

g Los aficionados bilbaínos quemaron la bandera ______________.

h Los béticos ______________ en Galicia.

i El arbitraje no fue ______________.

j El partido fue retransmitido por la ______________ de Galicia.

12 Escucha y escribe.

Listen to the speakers and fill in the information requested.

a

Game: ____________________

Score: ____________________

Winning team: ______________

No. of spectators: ____________

b Games/sports:

Liked	Disliked
i ____________	i ____________
ii ____________	ii ____________
iii ____________	iii ____________

c Sport: ____________

They played for about ____________ minutes then it ____________.

The players came back ____________ later and played for ____________.

We came home because ____________________.

d ____________ is dangerous, but ____________ is ____________ yet all sports ____________ because ____________ in all of them.

13 Read the 'Indoor Karting Málaga' leaflet and answer the following questions.

a What is special about this Go-Karting track?

____

b What eight things does the cafeteria offer?

____

____

____

Español Mundial 2 SB M, N, O, P, Q, R

14 Lee la entrevista. ¿Qué haría esta señora si fuera muy rica? Rellena los espacios en blanco.

¿Qué haría usted si tuviera mucho dinero?

Compraría una casa con jardín, un coche para mí y otro para mi marido. También llevaría a toda la familia a Isla Mágica en Sevilla, compraría mucha ropa para todos y a la madre de mi marido, a mi suegra, le regalaría un viaje de tres meses alrededor del mundo.

¿Y no iría usted de viaje?

Sí, claro que sí. Iría a Grecia y a Sudamérica porque allí tengo unos primos que hace ya más de veinte años que no veo. Pero llegaría sin avisarles, sin escribirles ni nada de eso.

¿Ayudaría usted a personas que no son de su familia?

Sí, claro, daría algo para caridad, a los pobres, a la iglesia y a los hospitales.

¿Sería usted más feliz?

Tendría otros problemas. No sé, la verdad; mejor sería quedarme como estoy.

a She would buy:

i for herself: ______________________

ii for her husband: ______________________

iii for her family: ______________________

iv for her mother-in-law: ______________________

b She would go to ____________ and ____________ because ______________________. She last saw them ____________. She would arrive ______________________.

c She would help:

i ____________

ii ____________

iii ____________

d Would she be happier? ____________

15 ¿Cómo se dice en español?

I would buy another for my husband ______________________

Lots of clothes for my mother-in-law ______________________

A five-month trip ______________________

Whom I haven't seen for more than 10 years ______________________

I would go without writing to them ______________________

Anything like that ______________________

I would give a lot to the church ______________________

I'd have many more problems ______________________

It would be better not to have money ______________________

16 Rellena con las palabras de la lista.

volvería, iría, fumaría, jugaría, estudiaría, saldría

a Nunca ________________ al tenis.
b Siempre ________________ a casa en taxi de noche.
c Es muy malo para la salud, nunca ________________.
d No me gustan las matemáticas y nunca ________________ contabilidad.
e A los diecinueve ya no ________________ de vacaciones con mi familia.
f Nunca ________________ de casa sin mi cartera.

Español Mundial 2 SB S, T, U, V, W

17 Escucha lo que dicen Maribel y Marisé de las fiestas de su pueblo y rellena en inglés.

a Maribel spends most of the time ________________________________.
b She attends the events and then ________________________________.
c The town is ____________________ Calatayud, in the province of ____________________.
d The fiestas last ________________________________.
e In Salamanca they hold many cultural events ________________________________.
f They have ____________________ and many other shows for the public.
g What does she mean by *turismo de todas las edades*? ________________________________
h How do they get on with the locals? ________________________________

18 Oral/Escrito

a ¿Te gustaría ir a una corrida?
b Si hubiera una en la televisión, ¿la verías?
c ¿Qué harías si te invitaran a una corrida?
d ¿Has visitado una plaza de toros?
e ¿Por qué hay entradas de sol y de sombra?
f ¿Cuáles crees tú que son más baratas?

19 Lee el texto de Rebeca. Contesta *sí* o *no*.

Rebeca
Me acuerdo de los viajes a la costa porque Orense es la única provincia gallega que no tiene mar y afortunadamente la familia de mi madre vivía en El Ferrol. Yo recuerdo mucho los viajes en verano, en Navidad, en Semana Santa: de ir a la playa, a la costa, tan diferente de lo que es Orense, un valle del interior muy verde. Pero nunca podré olvidarme de las excursiones y las meriendas por allí. En mi familia no celebramos mucho los cumpleaños, pero el día de mi santo íbamos toda la familia, y además siempre podía invitar a una o dos amigas, a pasar el día a una casa de campo que teníamos en el valle. Mi madre preparaba muchas tortillas y ensaladas y llevábamos vino para los adultos. A veces llovía y entonces jugábamos en la casa, pero cuando hacía buen tiempo, nos escapábamos de la familia y un día hasta nos perdimos por el valle. Justo antes de anochecer nos encontró mi padre. ¡Qué miedo pasamos todos ese día!

a ¿Hay playa en Orense? _____

b ¿A Rebeca le gusta la costa? _____

c ¿El Ferrol está en el norte de España? _____

d ¿ Rebeca pasaba el 25 de diciembre en Orense? _____

e ¿Orense está en el interior? _____

Contesta en inglés o en español.

f ¿Por qué iba al valle Rebeca con su familia? ____________________

g ¿A quién podía invitar Rebeca? ____________________

h ¿Qué comían todos y qué piensas tú que bebían los chicos? ____________________

i ¿Qué hacían cuando hacía buen tiempo? ____________________

j ¿Por qué pasaron mucho miedo un día? ____________________

Español Mundial 2 CD X

20 Las fiestas. Contesta.

a ¿Haces/celebras muchas fiestas en casa?

b ¿Qué haces cuando hay fiesta en casa?

c ¿Cómo celebras tu cumpleaños?

d ¿Recibes muchos regalos?

e ¿Qué regalos le das a tu madre o a tu padre para su cumpleaños?

Sugerencias

a No, muchas no. Solemos hacer una fiesta para el cumpleaños de mi hermana menor, pero eso es todo. • Sí, porque nos gusta mucho celebrar los cumpleaños con una fiesta, así que hay cinco fiestas al menos y por lo general hay una fiesta grande, cerca de Navidad y otra en verano. • Celebramos Nochevieja con una fiesta hasta muy tarde.

b Depende. Normalmente ayudo con la comida y a veces con la decoración. • Escribo las invitaciones o llamo a los invitados. Compro regalitos para todos, y mis hermanos y yo escogemos la música que vamos a poner. • Comemos mucho, bebemos mucho y charlamos y bailamos mucho y todo el mundo lo pasa fenomenal.

c Celebro mi cumpleaños con mi familia. Muchas veces salimos a comer a un buen restaurante con mis abuelos. Claro, recibo regalos, normalmente de dinero o de ropa. • No hago nada especial. Mi madre me prepara una tarta y a veces invito a dos o tres amigos a cenar con nosotros.

d Sí, bastantes. Por lo general recibo dinero de mis padres y de mi abuela, y libros o discos de otros miembros de la familia. Mis amigos me compran una tarta o una camiseta, algo así. • Muchos no. • Por lo general mis amigos me mandan tarjetas y entre todos me invitan a comer el día de mi cumpleaños.

e A mi madre le regalo unas plantas para el jardín o un libro de recetas porque le gusta mucho cocinar. Es más difícil escoger regalos para mi padre. Algo para el coche o una bufanda, una corbata ... cosas así.

21 Lee y contesta las preguntas siguientes en inglés.

Iniciativa: la enciclopedia total

Con el nombre de Wikipedia se conoce una de las apuestas más originales de la red. Se trata de una enciclopedia de saberes universales cuyos autores son los propios usuarios. Cada lector puede entrar en los artículos y corregirlos, ampliarlos y comentarlos. Se accede en la dirección wikipedia.org

a What exactly is Wikipedia? ____________________

b Who are the authors? ____________________

c What can readers do? ____________________

d How can you access Wikipedia? ____________________

Español Mundial 2 SB Y, Z(a), (b)

22 Escucha y rellena.

Sugerencias

1 En Londres, ¿qué haces durante las vacaciones?

Bueno, ______________ mucho con amigos, ______________ a la piscina o al parque.

• ______________ algunos museos o exposiciones de arte.

• Siempre ______________ algo que hacer. ______________ a mi madre con el jardín.

• ______________ de excursión, voy al cine y ______________ más tiempo para leer.

2 ¿Sueles ir de vacaciones?

Sí, ________________ ir a la costa, toda la familia. • , a veces salimos al extranjero, a veces ________________ aquí.

• Algunos años ________________ las vacaciones con mi tío, el hermano de mi madre, que vive en Escocia.

3 ¿Sueles viajar en las vacaciones de Navidad?

________________ nos quedamos en casa. ________________ hay fiestas y vamos juntos al teatro o al cine. • No solemos salir pero un año fuimos a esquiar a Austria y lo pasé estupendamente bien. Me gustaría ________________ volver allí.

4 ¿Sueles ir de vacaciones en Semana Santa?

________________, sí. Nos vamos a España, a la costa. • No, no suelo salir ________________ mi madre no tiene vacaciones. • Depende. Este año no, porque ________________ que estudiar para mis exámenes.

5 ¿Cuántas veces al año vas de viaje? ¿Cuándo?

Una o dos veces, ________________ siempre con el colegio. • Vamos a Gales a menudo, a ver a mi abuela. • Sólo una ________________. Vamos a España todos los años. • Sólo una vez, en verano.

6 ¿Te gusta más la playa o el campo? ¿Por qué?

Prefiero la playa porque me gusta mucho ________________ y tomar el ________________. También me interesa practicar el vóleibol de ________________.

• Prefiero el ________________ porque me encanta pasearme y es interesante ver las pequeñas ________________, las ________________ y todos los cultivos.

7 ¿Prefieres alojarte en hoteles o en apartamentos?

En un ________________ porque tengo más espacio y puedo comer lo que me apetece y cuando quiero.

• Prefiero estar en un ________________ porque es más ________________ hacer amistades.

8 El verano pasado, ¿qué hiciste durante las vacaciones?

Fuimos a Italia. • ________________ a mis abuelos en el sur de Francia. • ________________ unas vacaciones aburridas porque no ________________ nada especial.

9 ¿Qué países conoces?

________________ ido dos veces a Francia y una vez a España, pero no ________________ ningún otro país.

• Nunca he ________________ de Inglaterra pero pienso ir a Alemania en verano.

10 ¿Te gusta viajar? ¿Por qué?

Sí, me gusta muchísimo. Me encanta conocer sitios ________________. • Sí, me gusta. Siempre es interesante ver otros países y conocer su ________________ y sus ________________.

8 Comida, compras y cosas así

1 **Escucha las conversaciones y contesta las siguientes preguntas.**

a **Rellena.**

i El señor desea reservar una mesa para ________________ personas para las ________________ de la noche.

ii El restaurante está completo hasta las ________________.

iii El señor decide que no desea tomar un aperitivo en el ________________.

iv Piensa que las once es muy ________________ para cenar.

b **Escoge.**

i ¿Cuántas personas están comiendo?

ii De primero el niño va a comer (gazpacho/jamón/huevos).

iii Los padres van a comer (tortilla/paella/mayonesa) de plato principal.

iv De segundo el niño no quiere (paella/tortilla/nada).

v Para beber piden cerveza y (vino blanco/vino tinto/sangría).

vi De postre (piden helado/no saben/no piden nada por ahora).

c **Escoge.**

i La mujer de Andrés quiere que él vaya al supermercado (antes de trabajar/después del trabajo).

ii Andrés tiene que comprar (manzanas/azúcar/pan/cordero/mantequilla/vino blanco/vino tinto/patatas fritas).

iii La mujer de Andrés (está contenta porque es su cumpleaños/está enfadada con su marido).

2 **Read the conversation and note down all the areas of disagreement between Manuel and Lisa.**

Manuel	dislikes	likes	Lisa	dislikes	likes
	________________	________________		________________	________________
	________________	________________		________________	________________

Manuel: ¿Vamos a tomar una copa?

Lisa: A estas horas, no. Prefiero churros con chocolate.

Manuel: Odio los churros. A mí, a las seis me gusta beberme una caña.

Lisa: Muy bien, tú tomas lo que quieras. Para mí la merienda tiene que ser churros con chocolate. Vamos al bar Tomás.

Manuel: No, por favor, al Tomás, no. Siempre está muy lleno y no puede uno sentarse.

Lisa: ¿Me puedes decir cuál no está lleno por aquí?

Manuel: Por aquí están todos llenos, pero vamos detrás de la plaza y allí hay algunos tranquilos.

Lisa: ¡Eso sí que no! Por allí van mis padres y no quiero que nos vean.

Manuel: ¿Tanto miedo les tienes?

Lisa: No, miedo no, pero respeto sí, ¡porque tú siempre vas tan mal vestido!

Manuel: Mira, hija. Olvídate, yo no voy a cambiar mi manera de ser para ganarme a tus padres. Hasta mañana.

3 Escucha las conversaciones y contesta las siguientes preguntas.

a **i** What information is the lady seeking? ______________________________

ii What is she told? ______________________________

b **i** Why does the lady want to forget *ayer*? ______________________________

ii How did she carry her shopping back home? ______________________________

iii Why did she overdo it? ______________________________

iv What different shops are mentioned? ______________________________

v What will she not do in the future? ______________________________

c **i** The lady wants to buy a ________________.

ii The price is ________________ euros.

iii She could choose to pay ________________ instalments of ________________ euros.

iv If she puts down ________________ euros now, she can ______________________________ and they will give her ________________ as a present.

d The fire caused damage to:

a chemist ☐ a nightclub ☐ a baker's ☐ a jeweller's ☐

a grocer's ☐ a restaurant ☐ a bank ☐

4 Match up the Spanish and English phrases. Copy them out and then learn them.

a	¿Me puede decir …?	**i**	a drink and snacks
b	es tan fácil	**ii**	I'd like to reserve
c	completo	**iii**	for some other day
d	un aperitivo	**iv**	Can you tell me …?
e	de primero	**v**	I'll never go back there
f	¿A qué hora?	**vi**	I'm not hungry
g	para otro día	**vii**	at what time?
h	no vuelvo allí más	**viii**	it is correct
i	quisiera reservar	**ix**	Of course not!
j	hay de todo	**x**	full up
k	es cierto	**xi**	they have everything
l	claro que no!	**xii**	it's so easy
m	no tengo hambre	**xiii**	for a first course

Español Mundial 2 SB I, J, K, L, M, N, O, P, Q

5 **Oral/escrito**

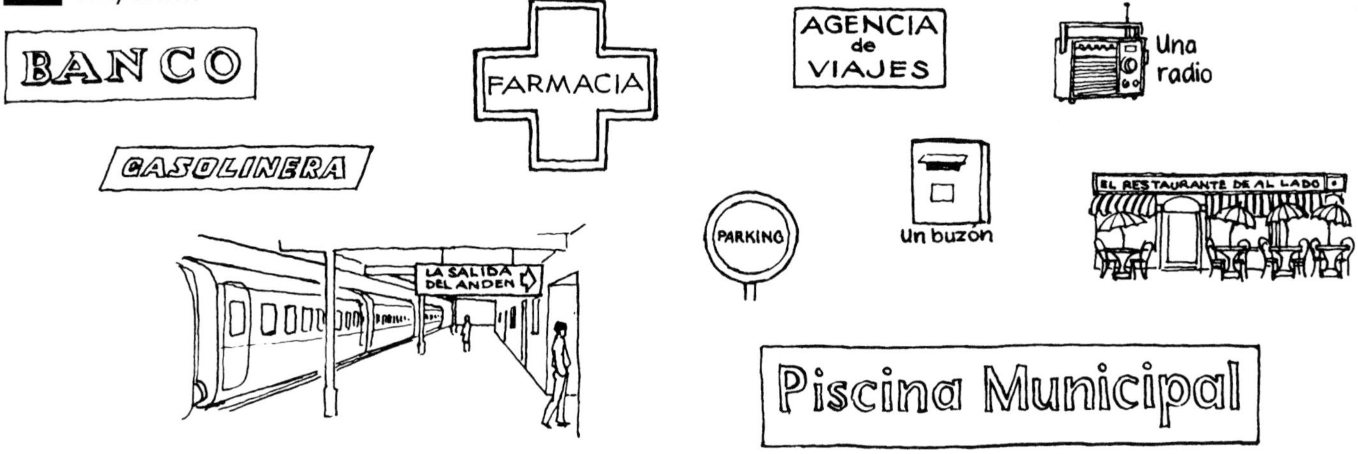

¿Dónde se puede …

a comprar gasolina?
b comprar billetes de avión?
c cambiar dinero?
d escuchar música?
e comer barato?
f esperar la llegada del tren?
g nadar?
h comprar algo para la gripe?
i echar postales y cartas?
j estacionar?

6 **Ask your partner questions beginning *¿Dónde se puede...?*** He/She can use the following pictures to give a correct answer.

Example: **Q** ¿Dónde se puede comprar carne? **A** En la carnicería.

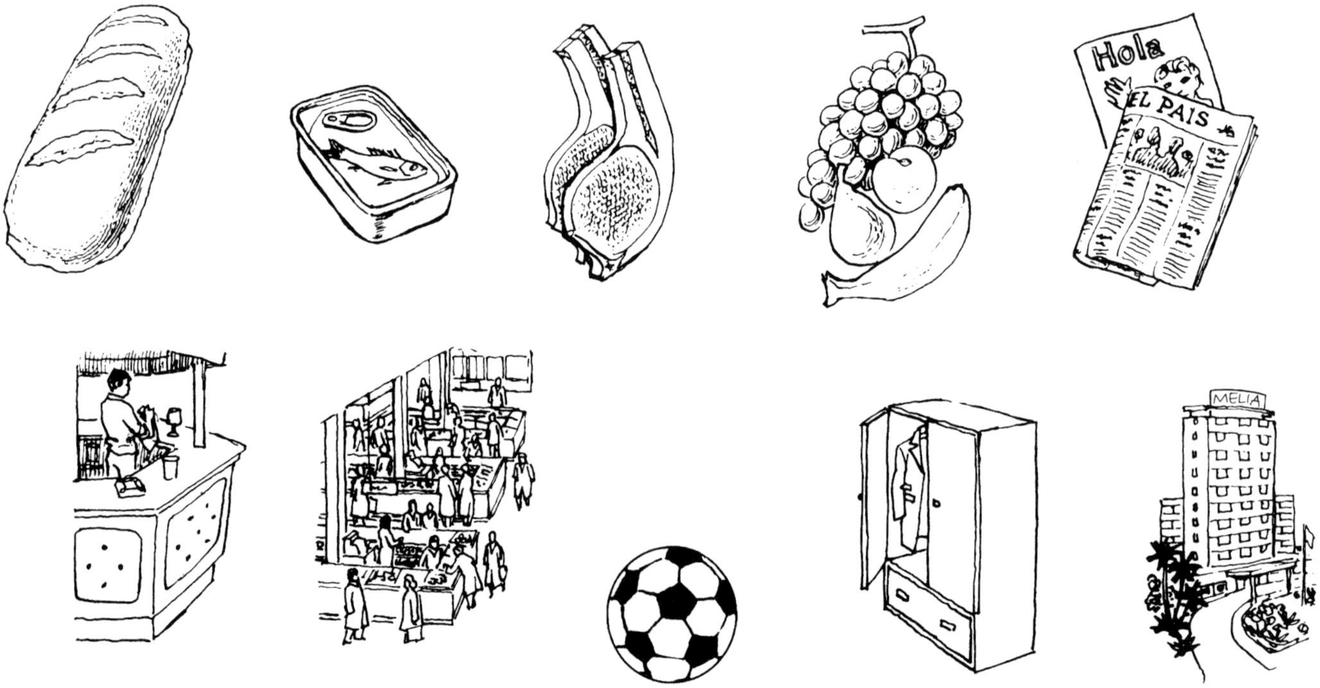

7 Une.

En la estación de servicio

a Cincuenta litros de súper, por favor. Y, ¿puede comprobar el aceite y las ruedas?
b ¿Me puede decir cómo ir al Camping Picamonte, por favor?
c ¡Qué lastima! Me han dicho que es un camping muy bueno. ¿Puede darme el nombre de otro buen camping?
d Pero está demasiado lejos. Estamos todos muy cansados.
e Ya son las nueve y casi es de noche. ¿No hay ningún otro sitio más cerca?
f ¿No sería mejor buscar un hotel en el pueblo?

At the service station

i Wouldn't it be better to look for a hotel in town?
ii It's already 9 p.m. and nearly dark. Isn't there anywhere nearer?
iii But that is much too far, we are all very tired.
iv What a shame! I had heard that it was very good. Can you suggest another good campsite?
v Could you tell me how to get to Camping Picamonte?
vi Fifty litres of super, please, and could you check the oil and the tyres?

8 Escucha los anuncios y rellena los detalles.

a **i** 'Actioli' is to be used when ______________________.
ii Children under ______________ should not take it.
iii You are asked to ______________________.

b **i** Turrón will go down by ______________ this ______________.
ii Sales are likely to go up by ______________ to ______________.

c Fill in the prices:
Potatoes ______________ tomatoes ______________ hard turrón ______________
tinned tuna ______________ soft turrón ______________ plastic bags ______________.

d The duvets/quilts advertised start at ______________ euros and go up to ______________.

e **i** At what time is this announcement made? ______________
ii What reduction is offered in the price of cheese? ______________
iii At what counter can you find the cheeses? ______________
iv Where will you go for the bargains in dairy products? ______________

9 Match up each of the Spanish statements to the closest English version below.

En la taquilla

a ¿A qué hora sale el tren para Brighton?

b Hay uno rápido a las seis cuarenta y cinco de la mañana, y otro a las nueve treinta pero el viaje dura tres horas.

c Dos billetes de ida y vuelta de segunda clase para el tren de las seis cuarenta y cinco, por favor.

d ¿Hay precios especiales para estudiantes?

e Lo siento, en ese tren, no.

f ¡Qué tonto eres! Va a ser un desastre. Tenemos que levantarnos tan temprano y pagar tanto, y no va a hacer muy buen tiempo.

At the ticket office

i Two second class return tickets for the 6.45 a.m. train, please.

ii You're so stupid. It's going to be a real disaster. We will have to get up so early and pay so much and it's not even going to be very good weather.

iii What time does the train to Brighton leave?

iv Not on that train.

v Do you have reductions for students?

vi There is a fast train at 6.45 a.m. and another at 9.30 a.m. but the journey takes three hours.

10 Lee el diálogo en el supermercado y escoge sólo lo que es verdadero.

En el supermercado

Señora: ¿Tienen Vds. servicio a domicilio?

Dependiente: ¿Dónde vive Vd., señora?

Señora: Aquí mismo, en Leganés, a dos calles.

Dependiente: Entonces, no hay problema. Antes de las seis estará todo en casa.

Señora: Bueno, algunas cosas me las voy a llevar yo porque me hacen falta esta mañana.

Dependiente: Sí, señora. Dígame usted lo que quiere y se lo pongo en una bolsa.

Señora: Sí. Tengo que llevarme la leche, los yogures, el pescado, las latas de atún y la coliflor. Las botellas de cerveza, la carne, las demás verduras y la fruta las pueden traer a casa luego.

Dependiente: Muy bien. ¿Me dice usted su domicilio?

Señora: Sí, claro. Es: Calle Leganés 32, 3° B

Dependiente: Muy bien. Así que son treinta y cinco euros justos.

Señora: Sí, tome. Yo luego le daré una propina al chico. Gracias.

Dependiente: De nada. Adiós.

a La señora vive cerca. ☐

b El súper tiene servicio a domicilio. ☐

c Llevarán las latas de atún a las seis. ☐

d Paga menos de treinta y cinco euros. ☐

e Está en el supermercado por la mañana. ☐

f La señora desea comprar una bolsa. ☐

g La señora vive en el tercer piso. ☐

11 Lee lo que dicen María José y Tina, y contesta las preguntas siguientes en español.

María José:
«La comida típica de Granada es la tortilla de Sacromonte, que es una tortilla con muchas verduras, con chorizo, y con sesos. También las habas con jamón es un plato muy típico. Luego están todos los pescados, frescos o fritos, de la costa, que son de tradición andaluza. Después, como en el sur de Granada hay un microclima tropical, hay mucho fruto exótico como la chirimoya, el aguacate y muchos productos derivados de esos.»

Tina nos habla de cuando vivía en Navarra:
«Como el pueblo más cercano estaba a unos 7 kilómetros, venía una camioneta cargada de cosas. Las señoras esperaban a que viniera y hacían fila y compraban todos los productos básicos: azúcar, pan, leche, vino ... Los niños hacíamos cola y nos hacía ilusión comprar chucherías ... chicle, caramelos, chocolate, chupachuses ...»

AYUDA

el aguacate	*avocado*
la chirimoya	*custard apple*
el chorizo	*spicy sausage*
derivar	*to derive/make from*
las habas	*broad beans*
los sesos	*brains*

a ¿Qué dos platos típicos de Granada menciona María José?

____

b ¿Por qué hay en la provincia de Granada mucho pescado y mucho fruto exótico?

____

c ¿Qué vendían en la camioneta para las señoras?

____

d ¿Qué compraban los niños?

____

e ¿Cómo sabemos que iban muchos niños a comprar a la camioneta?

____

12 Lee la conversación y contesta las siguientes preguntas.

Andrés: Hay tantas aspiradoras que no sé cuál comprar. Supongo que mejor será una pequeña y ligera.

Dependiente: La que usted quiera. A mí me da igual.

Andrés: Es que como yo soy el que pasa la aspiradora en casa ...

Dependiente: Pues nada. Entonces ésa.

Andrés: ¿Las hay en otros colores o sólo en blanco?

Dependiente: No sé. Yo la he visto sólo en blanco.

Andrés: Bueno, pues, entérese usted, ¿o es que le da lo mismo vender que no vender?

Dependiente: La verdad es que sí. Me da igual, porque yo estoy aquí los sábados solamente, y me explotan, me pagan muy poco.

Andrés: ¡Valiente comercio éste! Adiós.

a Why can't Andrés make up his mind about which vacuum cleaner to buy?

---

b What kind does he think would probably be best?

---

c Why does this suit his needs?

---

d What information does he want from the assistant?

---

e Why does Andrés get upset?

---

f Why is the assistant so indifferent?

---

13 Haz una lista de las comidas que les gustan a cada uno de los que nos cuentan sus gustos y costumbres abajo.

Beatriz
El desayuno suele ser un vaso de leche con algunas galletas. Comer, comemos cosas españolas o de todo, y cocina mi madre casi siempre. Para cenar siempre hago un bocadillo o algo.

Rocío
Pues, a ver, mi comida favorita es el cocido, las hamburguesas, las patatas fritas y hay veces que sí que cocino yo, hago espaguetis, hago cocido, hago lentejas. Yo en mi casa pongo la mesa, la quito, friego los cacharros y recojo el baño y a veces hago la comida.

Sara
En mi casa cocina mi madre y hace comidas no típicamente españolas, pero normalmente se hace cosas como tortilla de patata, cocido, lentejas, fabada.

En mi casa mi madre suele ocuparse de la limpieza, excepto de mi cuarto y el de mi hermano, que tenemos que arreglar nosotros o planchar algunas veces, que lo suelo hacer yo, o a lo mejor cocinar, a lo mejor cocinamos mi hermano y yo.

Paola
A la hora de comer como de todo porque es bueno. Lo que más me gusta es la pasta y algún tipo de verdura; lo que no me gusta es la carne de ternera, y luego, aparte de eso, las pizzas también me gustan bastante. Las tres comidas típicas de España a mi parecer son la paella, el cocido y el gazpacho. Luego, la gente que va por ahí a los bares piden calamares, chipirones también, embutidos como el lomo, el jamón y el chorizo.

Susana
Pues de desayuno suelo tomar leche con Colacao y galletas, y también cereales y, si no tengo mucha hambre, a lo mejor me como un yogur o me bebo un zumo.

Pues a mí lo que más me gusta comer son las patatas con filete de pollo y también me gusta mucho la tortilla española que es lo que más se come aquí y suelo tomar fruta, suelo comer naranjas. Yogur es algo que también me gusta mucho y si no me apetece comer mucho me tomo un vaso de leche.

Alejandro
Pues habitualmente para desayunar: tomo leche, Colacao, galletas, cereales, cualquier cosa de esas. No suelo desayunar mucho, ni muy fuerte, pero yo aguanto bien con lo que desayuno. Normalmente mi comida es variada, pasta o pescado, carne, verduras, suelo comer de todo, yo sigo la dieta mediterránea un poco, es de carne, de pescado, ensaladas. Lo que más me gusta son las patatas, la carne, la ensalada. Las verduras me hacen menos gracia, pero las paso, yo como de todo.

Ismael
Mi madre es la cocinera de mi casa, nos hace unas comidas estupendas, nos pone unas lentejas, un cocido que es típico de Madrid y de España en general. Algún domingo cuando hay algo especial nos hace una paella, que está muy rica, con algunas cigalitas, etc. Luego también es algo muy especial la fabada, judías y todo tipo de legumbres.

En mi casa las tareas están repartidas. Lo tenemos como un calendario. Los lunes mi hermana mayor, los martes mi hermana pequeña, los miércoles me toca a mí y los jueves a mi padre y luego el resto de los días lo hacemos entre todos. A mí me toca lo más fácil, quitar el polio y fregar, aunque algunas veces también me toca poner la mesa.

Cristian
La comida que más me gusta aquí de España es la tortilla de patatas y las patatas fritas. Y de Ecuador, pues, arroz con pollo, que está muy rico.

En casa cocina mi madre y mi hermana a veces. Yo quito la mesa, pongo la mesa y lavo los platos después de cenar.

14 Lee lo que dicen Javier y Marisé, y decide si lo siguiente es verdadero (V) o falso (F).

Javier
Hablando de gastronomía, pues si hay algo que en España también llama mucho la atención a los extranjeros es la cantidad de bares y mesones, donde cuando pides un refresco o una caña, es decir, un vaso de cerveza, lo acompañan con un 'aperitivo', con una 'tapa', o a veces, 'raciones' si las pides.

A mí me encanta probar raciones, especialmente el pescado frito, como los chanquetes y los calamares y, cómo no, los boquerones en vinagre, que es mi tapa favorita.

Marisé
En términos de comida, en Galicia se come mucha más verdura porque se come el 'caldo gallego' típico, por lo menos dos veces a la semana. Es una especie de sopa fuerte que tiene muchas verduras, carne y patatas. Además en Galicia se come muy variado porque hay mucho pescado que viene de la costa.

AYUDA

el aperitivo	*snack*
los boquerones	*anchovies*
el caldo	*broth*
los chanquetes	*whitebait*
la gastronomía	*gastronomy/fine food*
el mesón	*bar*
probar (*ue*)	*to try/taste*
el refresco	*cold drink*
la verdura	*green vegetables*

a Una caña es una cerveza. ☐
b Una tapa es un aperitivo. ☐
c Los chanquetes, calamares y boquerones son bebidas. ☐
d En Galicia se come mucho pescado y mucha verdura. ☐
e El 'caldo Gallego' lleva pescado. ☐
f Galicia está en el interior de España. ☐

15 Escucha y escribe en inglés lo que dicen.

a Mi padre suele preparar el desayuno. ______
b Cada uno prepara el desayuno por su cuenta. ______
c Nadie toma desayuno en casa. ______
d Suelo tomar cereales con una taza de té. ______
e Desayuno tostadas con mantequilla y bebo un zumo de naranja y un café con leche. ______
f Hoy no desayuné porque no tenía tiempo. ______
g Tomé una taza de té y un bollo. ______
h Desayuno en la cocina. ______
i Sí, suelo beber una taza de té y muchas veces me preparo un bocadillo o como unas galletas. ______
j Sí, por lo general bebo un vaso de agua o un zumo de fruta. ______

16 Escucha y escribe en inglés lo que dicen.

a ¿Qué vas a cocinar? ______
b Un disco de flamenco, por favor. ______
c Quisiera algo para el dolor de cabeza. ______
d Un kilo de manzanas y dos kilos de naranjas, por favor. ______

e Medio kilo de queso, por favor. ______________________

f La chaqueta, ¿es de algodón? ______________________

g Quisiera unos pantalones negros. ______________________

h ¿Tiene una talla más grande? ______________________

i Quisiera un bolso de cuero. ______________________

j ¿Te gusta la ropa clásica o moderna? ______________________

Español Mundial 2 SB R, S, T, U, V, W, X, Y

17 Lee la conversación y decide si las frases abajo son verdaderas (V) o falsas (F).

Dependiente: Los pantalones azules le van muy bien.

Señor: Sí, pero es que tengo tantos azules ... ¿No los tiene usted en verde o en color crema?

Dependiente: No, en esa talla sólo en azul y en gris, pero en una talla más grande sí lo tenemos en verde.

Señor: Bueno, vamos a ver. ¿Puedo probármelos?

Dependiente: Claro. Ahora mismo se los traigo.

Señor: Me quedan un poco grande, ¿no?

Dependiente: Sí, pero no importa, ahora se llevan así, un poco anchos.

Señor: ¡Vale! Si usted lo dice... pues me los llevo. ¿Cuánto es?

Dependiente: Veinticinco euros.

Señor: Entonces, voy a tener que volver mañana, porque no tengo suficiente conmigo, y he dejado las tarjetas de crédito en otra chaqueta.

Dependiente: Pues, nada. Hasta mañana. Yo se los guardo. No se preocupe.

Señor: Adiós. Hasta mañana.

AYUDA

ancho/a	*wide/baggy*
me los llevo	*I'll take them*
probar(se) (*ue*)	*to try (on)*
la talla	*size*

a El dependiente cree que los pantalones azules no le van bien al hombre. ☐

b El hombre ya tiene muchos pantalones azules. ☐

c Prefiere uno verde y crema. ☐

d No tienen ninguno color crema pero los verdes son un poco más grandes que el azul. ☐

e Los verdes le están un poco pequeños. ☐

f El dependiente dice que está de moda llevar los pantalones sueltos. ☐

g El hombre decide comprarlo. ☐

h Los pantalones cuestan más de lo que el hombre pensaba. ☐

i Decide comprar una chaqueta. ☐

j El dependiente dice que mañana puede venir a comprarlos. ☐

18 Oral/Escrito

- **a** ¿Te gusta ir de compras?
- **b** ¿Qué te gustan más, los mercados o las tiendas?
- **c** ¿Te interesa la moda? ¿Dónde compras la ropa?
- **d** ¿Cuál es tu color preferido?
- **e** ¿Te gusta llevar vaqueros?
- **f** ¿Qué compraste la última vez que fuiste de compras?
- **g** ¿Cuáles son tus tiendas preferidas?
- **h** En el supermercado, ¿sueles pagar en metálico, con cheque o con tarjeta de crédito?
- **i** ¿Qué ropa llevas hoy?
- **j** ¿Cuánto dinero gastas a la semana?
- **k** ¿Cómo gastas el dinero los fines de semana?
- **l** ¿Qué ropa compras para Navidades y Año Nuevo?

19 La moda: ¿Te gusta la ropa ...

... corta?	... elegante?	... clásica?	... práctica?	... larga?
... lujosa?	... cómoda?	... deportiva?	... moderna?	... atrevida?

20 Learn the suggested answers to these questions.

- **a** ¿Qué llevas hoy?
- **b** ¿De qué color es tu camisa?
- **c** ¿Cuál es tu color favorito?
- **d** ¿Te interesa la moda? ¿Por qué?
- **e** Cuando sales de noche, ¿qué sueles llevar?
- **f** En invierno, ¿qué llevas?
- **g** Cuando hace mucho calor ¿qué llevas?
- **h** ¿Vas solo/a a comprar tu ropa?
- **i** ¿Dónde compras tu ropa?
- **j** ¿Hay muchas tiendas en tu zona?
- **k** ¿Cuál fue la última prenda de ropa que compraste?
- **l** ¿Cuánto pagaste?

Sugerencias

- **a** Llevo pantalones negros, camisa azul y suéter azul. • Llevo vaqueros con una camiseta y un jersey verde.
- **b** Es amarilla/blanca/verde/azul marino, etc.
- **c** Prefiero el negro pero también me gusta mucho el azul.
- **d** Sí, bastante. • No, nada, me da igual. • La moda, sí, supongo que sí. Me gusta estar al día.
- **e** Suelo llevar un traje o unos pantalones negros con camisa de seda, a veces con corbata.
- **f** Llevo suéteres y abrigos. Cuando hace muchísimo frío, llevo guantes y bufanda y gorro de lana.
- **g** Llevo camiseta o camisa de manga corta. • Cuando voy a la playa llevo pantalones cortos.
- **h** No. Generalmente voy con mi madre o con una amiga. • Mi padre nunca me compra la ropa.
- **i** La compro en las tiendas de moda en el centro. • En muchos sitios. Pero el mercado es más barato.
- **j** Hay tiendas de comida pero de ropa, no. Tengo que ir al centro. • Sí, hay muchas tiendas pequeñas.
- **k** Compré un jersey y unos vaqueros. • Compré una preciosa chaqueta de cuero pero muy cara.
- **l** No tanto. Había rebajas y creo que pagué unas XX libras. • Mucho. No quiero decir el precio.

21 ¿Qué preguntas recibirían estas respuestas?

La comida

a Casi siempre mi madre o mi hermano mayor. • Generalmente toda la familia va al supermercado el sábado por la mañana y hacemos la compra para toda la semana.

b Vamos al supermercado porque venden de todo. • Siempre compramos verduras y fruta en el mercado porque sale más barato. Hay una carnicería cerca de casa pero vamos al supermercado una vez a la semana.

c Prefiero el té. Nunca bebo café. • No me gusta ni el té ni el café. Siempre bebo leche o agua.

d No desayuno nunca. • Los días laborables tomo cereales pero el fin de semana, salchichas o huevos.

e Desayuné huevos pasados por agua, tostadas y zumo de naranja.

f Voy a la cantina o salgo a un café cerca del colegio. • Llevo unos bocadillos. • Vuelvo a casa.

g Por la noche, a eso de las siete o a las ocho. • Estoy a régimen, así que no como mucho nunca.

h Mi madre, generalmente. • Mi madre durante la semana, pero los domingos siempre cocina mi padre.

i Sí, un poco, pero cosas sencillas. A veces me gusta hacer tartas y pasteles.

j Sé preparar tortillas y muchos tipos de ensaladas, porque me gustan. • Pollo con arroz, unos pasteles, cosas así.

k Me encanta el pescado frito con patatas fritas. • No sé. No me interesa mucho la comida. Quizás el helado.

l Como casi de todo pero no me gusta mucho el pescado. • Odio las cosas muy dulces.

m Generalmente bebo Coca-Cola o agua. • Suelo beber agua mineral con gas o un vaso de vino.

n Bueno, al mediodía, suelo ir con mis compañeros de clase a comer una hamburguesa con patatas fritas. • No mucho. Salgo con mi familia a un restaurante italiano o chino para celebrar los cumpleaños.

o Sí, varios. También mis dos primas son vegetarianas. Yo no, pero tampoco como mucha carne.

¿Te interesa la moda?

Eva

Por lo general, para la playa o el campo llevo vaqueros o, si hace calor, pantalones cortos, con camiseta o jersey.
Me gusta pintarme como cualquier chica pero no me hace falta una hora para arreglarme ni nada así.

Miguel

La moda está bien. Yo creo que es una manera de expresarse. Casi siempre me compro la ropa yo mismo. No gasto mucho pero es ropa buena.

Ana

Uno siempre intenta seguir ciertas tendencias y no ir muy anticuado. No estoy obsesionada con la moda. En España la ropa es cara, sobre todo en las boutiques. No es muy asequible.

Al hombre, al joven español, le gusta vestir bien. Creo que en general tienen buen gusto los hombres en España. Pero no se preocupan excesivamente, desde luego mucho menos que las mujeres.

Trini

Me interesa como cosa normal. No me preocupa demasiado, pero me gusta estar un poco al día de la moda actual.

22 Haz dos preguntas sobre cada uno de los comentarios arriba y contéstalas.

____

____

____

____

____

____

23 Escoge un restaurante o una tienda que frecuentas y rellena el formulario.

¿Qué opina sobre nuestro/a restaurante / tienda?

	Mal	*Regular*	*Bien*	*Excepcional*
ATENCIÓN AL CLIENTE				
La atención de nuestro personal:	☐	☐	☐	☐
¿Fue el servicio rápido y eficiente?	☐	☐	☐	☐
PRESENTACIÓN DE TIENDA/RESTAURANTE Y DE PERSONAL				
El exterior de la tienda/restaurante:	☐	☐	☐	☐
El interior de la tienda/restaurante:	☐	☐	☐	☐
El uniforme de nuestro personal:	☐	☐	☐	☐
Limpieza e higiene:	☐	☐	☐	☐
El funcionamiento de los aseos y lavabos:	☐	☐	☐	☐
CALIDAD DEL PRODUCTO				
La calidad de las bebidas fue:	☐	☐	☐	☐
La calidad de la comida fue:	☐	☐	☐	☐
Sus preguntas sobre los productos fueron respondidas:	☐	☐	☐	☐

EXPERIENCIA EN GENERAL

¿Nos recomendaría a un/a amigo/a?

Sí ☐ No ☐

DETALLES ACERCA DE SU VISITA

¿Qué día visitó la tienda/restaurante?

DÍA ☐ MES ☐ AÑO ☐

Mañana ☐ Tarde ☐ Noche ☐

¡Le agradecemos su atención!

9 Carrera, profesión y trabajo

1 **Listen to the comments made by six young people about their hopes and plans for the future.**
Complete the gaps or answer the questions.

a This boy wants to be a ________________ because he has always enjoyed working in his ________________ workshop. (*taller*)

b The girl thinks she's going to be a housewife (*ama de casa*) because ________________. As her fiancé is a ________________ he is not going to ________________.

c I haven't the faintest! (*¡No tengo la menor idea!*) I wouldn't like to ________________ now but what I do ________________, is that I hate Maths and ________________.

d For the time being the girl is going to ________________________________. Then she would like to study ________________ like her ________________ who is now working in a ________________ in ________________.

e The boy is mainly concerned with ________________. He doesn't mind ________________ nor ________________. He is afraid of ________________ and feels his parents ________________.

f This young man does not want to work.

i What would he like to do? ________________

ii In what kind of work does he think he might achieve this? ________________

iii What if he fails? ________________

2 **Escoge. Subraya la descripción más adecuada.**
Which of the words in brackets is the most closely related to the lead word?

en paro	(sin trabajo, sin amigos, sin profesión, sin familia)
camarero	(en el hospital, en el restaurante, en el aeropuerto, en la calle)
idioma	(biología, golf, diseño, chino)
farmacia	(animales, enfermeros, medicinas, perfumes)
Semana Santa	(Navidad, Pascuas, vacaciones, en mayo)
pescador	(en las montañas, en la ciudad, en el mar, en las afueras)
sueldo	(banco, dinero, diario, regalo)
dueño	(secretario, dependiente, empleado, propietario)
tener éxito	(salir, perder, lograr, terminar)

3 **Lee y escoge la respuesta adecuada.**

a ¿Vas a la costa este verano?

i Sí, voy al campo. **ii** No, no voy. **iii** Mentira.

b ¿Adónde vas los domingos?

i Voy solo. **ii** No, no voy. **iii** Voy a la playa.

c ¿Con quién vas a la playa?

i Voy con mi hermano. **ii** Nunca voy. **iii** Con mi toalla.

d ¿Cuándo vas a estudiar?

i Con mi hermanita. **ii** En el parque. **iii** Nunca.

e ¿Adónde irás de vacaciones?

i Irán a Francia. **ii** Iré a Francia. **iii** Iremos a Francia.

f ¿Qué hará Juan si no termina a las ocho?

i Llegará tarde. **ii** Llegaré tarde. **iii** Llegarán tarde.

g ¿Encontrarán trabajo en el mes de julio?

i Sí, lo encontrará. **ii** No, lo encontrarán. **iii** Sí, lo encontrarán.

h ¿Cuándo volveréis del instituto?

i Volveremos a las cinco. **ii** Volverá a las cinco. **iii** Volveré a las cinco.

i ¿Qué vas a hacer mañana?

i Iremos a la oficina, como siempre. **ii** Iré a la oficina, como siempre. **iii** Irá a la oficina a las diez y media.

j ¿Solicitarás el puesto de mecánico?

i Sí. **ii** No, no lo solicitará. **iii** Sí, lo solicitarán.

k ¿Vas a estudiar en la universidad?

i Sí, vas a estudiar. **ii** No sé si lo haré. **iii** No estudiaremos más.

l ¿Ganarás un buen sueldo?

i Ganará mucho. **ii** No, van a pagarme poco. **iii** Recibirás un millón.

4 **Escoge las palabras del vocabulario adjunto para rellenar la descripción del trabajo de Miguel.**

trabajo, mecánico, sucias, se enfada, encontrar, sucio, terminé, toallas, sueldo, trabajo, coche

Miguel

Soy ________________ de profesión. No hace mucho que ________________ porque ________________ mis estudios el año pasado, pero me gusta, me gusta bastante. He tenido suerte en ________________ un puesto de trabajo cerca de mi casa y puedo ir al ________________ a pie. La verdad es que gano un buen ________________ aunque, por otra parte, es un trabajo muy ________________. Siempre tengo las manos ________________ porque paso gran parte del día debajo de un ________________ y mi madre ________________ de cómo dejo las ________________.

Español Mundial 2 SB M, N, O

5 **Listen to what Sr. Ortega has to say about his job as a fisherman and answer the questions.**

a **¿Le gusta a usted la vida de pescador?**

Yes, because:

i ______________________________

ii ______________________________

but young people nowadays

iii ______________________________

My sons

iv ______________________________

b **¿Se gana mucho dinero?**

No, it's

i ______________________________

because

ii ______________________________

and we have to

iii ______________________________

c **¿Qué horas tiene usted que trabajar?**

i From ______________ to ______________

ii Then we have to ______________________________

repair nets *(redes)* and ______________________________

iii It's ______________________________

6 **Rellena con los siguientes infinitivos.**

aprobar, ganar, volver, viajar, visitar, continuar

a Me gustaría ______________ con mis estudios.

b Tengo la intención de ______________ por el sur de España.

c Pienso ______________ el once de agosto.

d Quisiera ______________ mis exámenes.

e Quiero ______________ a mis parientes.

f Me gustaría ______________ más dinero.

7 **Lee y escoge.**

Carlos Gálvez
Actualmente mi puesto es de jefe de bar en el Hotel Las Palomas. Llevo 33 años trabajando en este hotel.

a Carlos Gálvez trabaja en el Hotel (Las Palomas/Marbella).

b Es jefe de (cocina/bar).

c Lleva (más de/menos de) treinta años en el hotel.

8 Lee y decide si las frases siguientes son verdaderas (V) o falsas (F).

Mónica
Trabajo para una multinacional holandesa que vende estufas. Tenemos compañías en Bélgica, Francia e Italia así que viajo mucho. En Madrid somos cinco personas. Soy contable y me encanta trabajar con números.

- **a** Mónica trabaja para una compañía española. ☐
- **b** La compañía vende ordenadores. ☐
- **c** Mónica va mucho a otros países europeos. ☐
- **d** Trabaja con cuatro personas más en Madrid. ☐
- **e** Las matemáticas no son el fuerte de Mónica. ☐

9 Lee y escoge las frases verdaderas.

Abelardo Pineda
Trabajé unos treinta años en la Casa de Socorro como médico. Es un sitio donde se atienden urgencias; casi siempre accidentes, y cuando son muy graves pasan al hospital.

- **a** Don Abelardo es doctor. ☐
- **b** No trabajó muchos años en la Casa de Socorro. ☐
- **c** A la Casa de Socorro va gente con heridas. ☐
- **d** Allí curan casos más graves que en los hospitales. ☐

10 Escucha y escoge.

Concepción

Concepción fue a una (entrevista/fiesta) en la (catedral/oficina de turismo) (ayer/hace dos días). Habla (dos/tres) idiomas. (No sabe si/Está segura de que) le van a dar el puesto. Van a llamarla (mañana/dentro de dos días).

11 Escucha y rellena.

Carmen

Ayer Carmen fue a la oficina de ____________________ pero no encontró ____________________.

Para Carmen es muy ____________________ encontrar trabajo ________ no tiene ningún ____________________.

12 Rellena en español.

Jorge
Bueno, ahora mismo estoy en el paro. Llevo ya así cuatro meses y, claro, me gustaría encontrar un trabajo lo antes posible. Antes he trabajado varias veces como camarero o recepcionista pero son trabajos que no abundan mucho donde yo estoy. En verano o, bueno, en Semana Santa también hay bastantes posibilidades, pero aquí, donde vivo, muchos de los hoteles y restaurantes cierran durante el invierno ya que llueve mucho y no vienen turistas.

Jorge

Jorge lleva (4 months on the dole) ______________________. Antes ha trabajado como (receptionist) ______________________ o (waiter) ______________________. Hay muchas posibilidades de trabajo en (Easter Week) ______________________ y (summer) ______________________, pero en (winter) ______________________, donde Jorge (lives) ______________________ muchos (restaurants and hotels shut down) ______________________ porque (it rains a lot) ______________________.

13 Lee y contesta las preguntas siguientes.

Mari Carmen
Mi marido trabaja en el ejército como especialista en helicópteros y yo trabajo en una oficina de farmacia desde hace varios años. Me gusta mucho mi trabajo y el contacto con los clientes. Por la mañana traigo a mi hija conmigo a la farmacia, y por la tarde se queda en casa de mi madre que vive muy cerca. Pienso pedir un año de excedencia, es decir, un año sin trabajar, para quedarme en casa cuidando de la niña porque creo que me necesita mucho y a la vez a mí también me apetece.

a ¿Quién trabaja en el ejército, Mari Carmen o su marido?

____

b ¿A Mari Carmen le gusta(n) los helicópteros o el contacto con los clientes?

____

c Por la mañana, ¿lleva a su hijo o a su hija al trabajo?

____

d ¿Quién le ayuda por las tardes, su madre o su padre?

____

e ¿Cuánto tiempo quiere pasar sin trabajar, seis o doce meses?

____

14 Lee y escoge.

Ana
Mis padres tienen un restaurante en la costa y estoy con ellos todo el verano y llevo la contabilidad. También doy clases de ballet y de jazz. Me encanta todo tipo de baile y realmente me gusta enseñar.

Me gustaría hacer relaciones públicas o turismo porque me gusta mucho la relación con el público. Me llevo muy bien con la gente y luego también me gustan mucho los idiomas. Siempre me ha gustado la traducción. Pero ser traductora es muy difícil. Yo tengo una amiga que es traductora y está ganando un sueldo impresionante pero hay que conocer la lengua perfectamente.

Creo que trabajando es como más aprendes. Hay una posibilidad de trabajo de verano en unas oficinas en el Parque de Doñana. Hay un parque natural allí. Quisiera un poco de experiencia en ese campo para ayudarme luego a encontrar un trabajo más serio.

a Ana ayuda a sus padres en (la caja/la cocina) del restaurante.
b Ana da clases de (baile/piano).
c Ana quiere trabajar (sola/con el público).
d Ana (detesta/tiene afición por) las lenguas.
e Los traductores, según Ana, ganan (poco/mucho) dinero.
f El verano quiere trabajar en (la ciudad/el campo).

Español Mundial 2 SB P, Q, R, S, T, U, V, W, X

15 **¡Y ahora tú! Completa estas expresiones o frases.**

a Mi asignatura preferida ... ______________________
b Llevo cinco años estudiando ... ______________________
c Quisiera ser ... ______________________
d No sé si quiero ser ... ______________________
e Quiero trabajar por mi cuenta porque ... ______________________
f Los estudios son importantes porque ... ______________________
g Como trabajo de verano me gustaría ... ______________________
h Decidiré ... ______________________

16 **Listen to each statement and identify which is being said.**

a My school is called San Esteban de Málaga. ☐
b I have been studying Spanish for 3 years. ☐
c It is big. It has about 1,700 students. ☐
d We play football and basketball in the winter and swim in the summer. ☐
e I hate working at the weekends. ☐
f I study Maths, English, Spanish, Science, etc. ☐
g I like History best because it is very interesting. ☐
h I am good at Maths and I work quite hard. ☐
i It is in the centre of the town and has two buildings. ☐
j I have lots of friends at school. I think I am quite popular. ☐
k I really like sport, especially football. ☐
l I am good at languages. They are easy for me. ☐
m When the weather is nice I go to the park with my friends after school. ☐
n I sometimes eat in the canteen or go to a café near school. ☐
o I work on Saturdays so I do all my homework on Sunday. ☐
p I do about 15 hours homework a week. ☐
q I adore Science, especially Biology. ☐
r The little ones have to wear uniform but I don't. ☐
s A lot of the teachers are strict but some are very nice as well. ☐
t The classes start at 9 a.m. ☐

17

TEST: Y TU FUTURO, ¿CÓMO SERÁ? ... ¿ERES BUEN/A ESTUDIANTE?

Contesta, añade la puntuación y mira el resultado.

1 Cuando entra el profesor en clase ...
- **a** ¿te levantas?
- **b** ¿sacas tus libros?
- **c** ¿gritas?
- **d** ¿hablas con tus compañeros?

2 ¿Olvidas tus libros de texto en casa?
- **a** A veces.
- **b** Nunca.
- **c** No sé leer.
- **d** Siempre.

3 ¿Cuándo haces los deberes?
- **a** A las once de la noche.
- **b** Cuando llego a casa.
- **c** En la ducha.
- **d** Nunca.

4 Cuando el profesor falta porque está enfermo ...
- **a** ¿trabajas un poco menos?
- **b** ¿te da pena?
- **c** ¿te alegras?
- **d** ¿faltas tú también?

5 Los días antes de un examen ...
- **a** ¿repasas un poco tus notas?
- **b** ¿estudias mucho?
- **c** ¿te vas de excursión?
- **d** ¿te pones enfermo/a?

6 ¿Tus padres reciben quejas del colegio?
- **a** Casi nunca.
- **b** Nunca.
- **c** Todos los días.
- **d** No importa, porque van a expulsarme.

7 Cuando el profesor te regaña ...
- **a** ¿lloras?
- **b** ¿le pides perdón?
- **c** ¿te escapas del colegio?
- **d** ¿le contestas mal?

8 En las clases de español ...
- **a** ¿charlas un poco en español con tus compañeros?
- **b** ¿procuras no hablar inglés en absoluto?
- **c** ¿no dices ni una palabra de español?
- **d** ¿te da igual un idioma que otro?

Añade tu puntuación.

Add up the score using the points system below.

a = 3 puntos b = 4 puntos c = 1 punto d = 0 puntos

Puntuación	**Resultado**
0–12	Te queda poco tiempo en este colegio. Tu futuro está en el paro.
13–23	No vas a tener mucho éxito en tus exámenes. Probablemente tendrás que repetir el curso.
24–32	Tendrás la base para estudiar en la universidad y acabar la carrera con éxito.

Español Mundial 2 SB Y, Z

10 Yo, los demás y mi entorno

1 Escribe en la casilla el número del dibujo que describimos aquí.

Es el más honesto ☐ Es la más trabajadora ☐ Es más difícil ☐ Son más perezosas que él ☐
Es más trabajadora que él ☐ Es el más tímido ☐ Son las menos responsables ☐ Es el mejor ☐

2 Escucha y contesta las siguientes preguntas.

a **Escoge.** Sonia:

- **i** Sonia se lleva bien con (sus profesores/su familia).
- **ii** A veces no hace (su cama/sus deberes).
- **iii** Cuando no termina el trabajo del colegio tiene problemas (con los vecinos/en el instituto/con su madre).

b **Escoge.** Don Abelardo Pineda:

- **i** Quiere mucho (a la hija/al hijo) de su hija.
- **ii** Le gusta ir con su nieto (a los museos/de compras).
- **iii** El niño llora de noche porque tiene dolor (de cabeza/de muelas).

c **Escribe en la casilla V (verdadero) o F (falso).** La chica:

- **i** El hermano de la chica ayuda mucho en casa. ☐
- **ii** La hermana quiere ser doctora. ☐
- **iii** El padre entra en la cocina para discutir. ☐

d **Escribe en la casilla V (verdadero) o F (falso).** El chico:

- **i** Los padres del chico se llevan muy mal. ☐
- **ii** Se casaron hace más de cuarenta años. ☐
- **iii** La madre va sola a los bares. ☐
- **iv** Al padre le gusta salir con su mujer. ☐

e **Rellena.** La joven:

- **i** La joven conoció a su marido cuando tenía ______________ años.
- **ii** Se casaron ______________ años más tarde.
- **iii** Su hija nació once ______________ después.
- **iv** La segunda hija nació en ______________.

f **Escoge.** El chico:

- **i** El chico es (tímido/hablador/inglés).
- **ii** Tiene (muchas clases de inglés/pocos amigos/dos meses).
- **iii** Lleva (poco tiempo/mucho tiempo/dos años) en el colegio.
- **iv** Le gustaría (salir con una chica inglesa/casarse/salir con una chica del colegio).

3 Lee la historia y contesta las preguntas siguientes.

El baile

Cuando Rosita llegó al baile, Juan estaba bailando con Amelia. Juan y Amelia no la vieron entrar y continuaron bailando. Al terminar la canción volvieron a la mesa, donde había muchos vasos de Coca-Cola y estaban todos los bolsos de las chicas. Rosita llamó al camarero y pidió una Coca-Cola. Mientras tanto, Amelia fue a llamar a su madre por teléfono. Entonces Juan vio a Rosita y la saludó. Primeramente no contestó pero pronto decidió hablar.

«¿Con quién bailabas?»

«Con Amelia» contestó Juan.

«¿Por qué no me esperaste?» preguntó Rosita.

«Porque ya eran las diez. Miré por todo el salón y no te encontré. Después vi a Amelia sola y decidí bailar con ella.»

En este momento volvió Amelia y se sentó en la silla entre Rosita y Juan. Rosita se levantó en seguida, cogió su bolso, dejó cinco euros para pagar la Coca-Cola y salió corriendo de la sala. Juan nunca más vio a Rosita.

a ¿Con quién bailó Juan? ______________________________

b ¿Qué hicieron cuando terminó la canción? ______________________________

c ¿A quién llamó Rosita y por qué? ______________________________

d ¿Adónde fue Amelia? ______________________________

e Cuando Juan le habló, ¿le contestó Rosita en seguida? ______________________________

f ¿Dónde se sentó Amelia al volver a la mesa? ______________________________

g ¿Qué hizo Rosita cuando Amelia volvió? ______________________________

h ¿Cómo salió Rosita de la sala? ______________________________

4 All the bold letters start adjectives which normally use the word *ser*.

They read in all directions. Can you find them and use them in the sentences a to x below? One letter starts two words and one adjective is in the plural. There is only one diagonal word. All the letters are used.

F	**A**	**N**	**T**	**I**	P	A	T	I	C	**O**
A	O	U	O	**N**	O	R	M	A	L	R
S	D	L	N	**T**	I	M	I	D	O	G
C	U	O	T	E	**U**	**M**	I	O	**N**	U
I	**M**	**P**	O	R	I	A	N	T	E	L
N	A	E	**C**	E	I	L	**C**	L	R	L
A	T	O	R	S	L	O	A	**A**	V	O
N	O	R	U	A	**D**	U	R	O	I	S
T	I	**G**	E	N	E	R	O	S	O	O
E	D	**L**	L	T	**F**	A	M	O	S	O
M	**I**	S	T	E	R	I	O	S	O	S

a No me gusta hablar con él porque es muy ________________.

b Es una película de ciencia-ficción. Es ________________.

c Voy a ir a la cita con el director porque es muy ________________.

d Me encanta hablar con él. Es tan ________________.

e Los países orientales son muy ________________.

f Es muy ________________ tratar mal a los animales.

g Es ________________, no puede hablar.

h Ella no sabe nada, es ________________.

i Nunca sale con otras chicas, sólo con su novia. Es muy ________________.

j Gasta mucho dinero en sus amigos. Es muy ________________.

k No habla mucho. Es muy ________________.

l Es muy conocido por todo el mundo. Sí, es muy ________________.

m Ese libro es ________________ porque lo compré yo y no tú.

n Es más que severo con sus hijos, es ________________.

o Es una chica ________________, como todas las chicas.

p Por causa de la tormenta no jugaron el tiempo reglamentario así que es un partido ________________.

q No sabe nada. Es un ________________.

r Es demasiado ________________. No tengo suficiente dinero.

s Mide un metro 88. Es muy ________________.

t Es muy intranquilo, muy ________________.

u Cree que es mejor que nosotros pero yo creo que es ________________.

v No es bueno, es ________________.

w No sirve para nada. No es muy ________________.

x Es demasiado ________________ para reconocer sus defectos.

Utiliza los adjetivos relevantes de la Sopa de Letras en dos frases:

i Soy …

ii No soy …

Español Mundial 2 SB F, G, H, I, J, K

5 **a Escucha lo que dice Raúl y rellena las palabras que faltan.**

Quiero viajar porque viajar ________________ pero hasta ahora no ________________. Pero claro, necesito dinero y ________________ trabajar porque no ________________ nunca vivir de mis padres. Mis padres nunca ________________ ningún inconveniente pero siempre están encima. Cuando ________________ a trabajar ________________ veinte años y no ________________ estudiar porque ________________ cansado del trabajo. Pero mis padres ________________ a todas horas '________________', 'levántate', '¿________________?', '¿de dónde vienes?'. Yo ya, ¡no ________________ más! Ahora vivo solo; trabajo, me voy a mi casa, ________________ me dice ________________, estudio lo que ________________ cuando ________________. Claro que tengo que estudiar, no hace falta que me lo ________________ nadie. Este año ________________ una barbaridad por la matrícula y no la voy a ________________.

b Translate the words you filled in and, where appropriate, note down the tense used.

6 **Lee la segunda parte de lo que dijo Raúl y contesta las preguntas.**

Me alegro mucho de haberme ido de casa. Además, desde que me fui he conocido a muchísima gente de diferentes nacionalidades y normalmente me llevo bien con todo el mundo. Pero mi padre está enfadado porque somos de Albacete. A mí, Albacete no me gusta nada, no hay nada, hay frío, mucho frío. A mí me gusta esto, la playa, gente abierta, gente que no tiene ningún tipo de prejuicios.

Sí, somos de Albacete pero no de Albacete capital, somos de un pueblo pequeño, no sé si son 4 ó 5 mil habitantes. Pues, yo he ido con un pendiente y el pelo largo teñido de colores, y a la gente de Albacete no le gustó. Y, no me gusta su mentalidad, es muy diferente. Hace ya mucho tiempo que no voy por Albacete y no creo que vaya por ahora. Pero algún día tendré que ir para ver a la familia.

a Why is Raúl happy to have left home? ________________

b Does Raúl always get along with everyone? ________________

c Why doesn't Raúl like Albacete, and what does he prefer? ________________

d Where are Raúl and his family from exactly? ________________

e What did he do when he had long hair? ________________

f What didn't the people of Albacete like? ______________________________

____

g What does Raúl think of the people from Albacete? ______________________________

____

h When was the last time Raúl was in Albacete and when will he return? ______________________________

____

7 **Lee la historia de Jaime y Rosario y contesta las preguntas.**

Jaime salió a las siete y cuarto de la mañana después de pasar toda la noche sin dormir. Dejó los platos sin fregar porque sabía que su mujer siempre lo hacía. También había dejado una nota en la mesa de la cocina que decía: *«Esta noche no vuelvo»*.

No era la primera vez que Rosario leía esta nota. Jaime había desaparecido toda la noche, cuatro o cinco veces aproximadamente en los últimos meses, y nunca había explicado por qué ni dónde ni cuándo; simplemente *«no vuelvo esta noche»*. Lo que molestaba a Rosario más que nada era que cuando volvía al día siguiente llegaba agotado y de mal humor. También llegaba sin afeitar, pero con un ramo de flores que Rosario recibía de muy mala gana. Pero esta vez, cuando llegó Jaime al día siguiente, lo primero que vio fue una nota escrita por Rosario que decía: *«Esta noche no vuelvo»*. Tampoco había nada preparado para comer y, en fin, no había nadie en casa; solamente estaba el gato con una nota al lado de su cesta que decía: *«¡Hay que dar de comer al gato!»*. Jaime decidió no trabajar más de noche, aunque no pudieran ir de vacaciones el verano.

a ¿Pasó Jaime una buena noche? ______________________________

b ¿Quién fregaba los platos siempre? ______________________________

c ¿Qué decía la nota? ______________________________

d ¿Cuántas veces había desaparecido Jaime? ______________________________

e ¿Qué notaba Rosario cuando volvía Jaime? ______________________________

f ¿Le gustaba a Rosario recibir las flores? ______________________________

g ¿Qué le esperaba a Jaime esta vez? ______________________________

h ¿Qué tenía que hacer Jaime en casa? ______________________________

Español Mundial 2 SB L, M

Aprende 27
Imperatives (commands)

Regular verbs		**-ar**	**-er**	**-ir**
Familiar	**tú**	entr**a** no entr**es**	com**e** no com**as**	decid**e** no decid**as**
	vosotros	entr**ad** no entr**éis**	com**ed** no com**áis**	decid**id** no decid**áis**
Formal	**Vd.**	entr**e** no entr**e**	com**a** no com**a**	decid**a** no decid**a**
	Vds.	entr**en** no entr**en**	com**an** no com**an**	decid**an** no decid**an**

Irregular verbs	Singular		Plural	
	Familiar (tú)	**Formal** (Vd.)	**Familiar** (vosotros)	**Formal** (Vds.)
salir	sal no salgas	salga no salga	salid no salgáis	salgan no salgan
decir	di no digas	diga no diga	decid no digáis	digan no digan
venir	ven no vengas	venga no venga	venid no vengáis	vengan no vengan
hacer	haz no hagas	haga no haga	haced no hagáis	hagan no hagan
poner	pon no pongas	ponga no ponga	poned no pongáis	pongan no pongan
tener	ten no tengas	tenga no tenga	tened no tengáis	tengan no tengan
ir	ve no vayas	vaya no vaya	id no vayáis	vayan no vayan

8 Empareja.

1 entrad ☐
2 entre ☐
3 entra ☐
4 no entren ☐
5 no entres ☐
6 entre ☐
7 entren ☐
8 no entréis ☐

9 **Maite will be looking after the house while her parents are away for the weekend.** Read the list they have left and complete the instructions.

Maite:
Friega los platos inmediatamente después de comer.
Cierra la puerta de la calle con llave.
Llama a tu abuela por las tardes.
Apaga todas las luces menos la del salón antes de acostarte.
Termina de hacer los deberes.
Llama al mecánico y dile que no necesitamos el coche hasta el lunes.
Recoge la lotería del quiosco.
Envíale un texto a tu tía.

No dejes las ventanas de la planta baja abiertas.
No olvides el cumpleaños de tu sobrino.
No abras la puerta a ningún extraño.
De noche no vuelvas después de las diez.

Cuídate, come y pásalo bien.

Besos,
Mamá y Papá
Llama a una de tus hermanas si hay problemas.

She is asked:

a to write ... ______
b to pick up ... ______
c to ring up ... ______
d to finish ... ______
e to put out ... ______
f to lock ... ______
g to ring up ... ______
h to wash up ... ______
i not to forget ... ______
j not to return ... ______
k not to open ... ______
l not to leave ... ______
m if ... ______

10 **Escucha y rellena.**

a Julián puede entrar en la ______ pero no puede tocar el ______.
b Las chicas tienen que volver antes de las ______ de la ______.
c Los señores deben darle una ______ al ______ al bajar del ______.
d Teresa tiene que ______ esta noche si quiere salir ______.
e Alberto tiene que poner la ______ porque están invitados sus ______.
f El señor Correa tiene que dejar las ______ de la caja fuerte con su ______.
g Ernesto tiene que terminar ______, apagar el ______, e irse a ______.
h Miguel tiene que ir con su ______ al ______ para hacer la ______.

11 a **Escucha y rellena las palabras que faltan.**

Hola, soy Ismael.

¿Cómo son tus padres contigo?

Mis padres me dan toda la ____________ que pueden aunque siempre me tienen ____________, no les gusta que haga cosas ____________: que fume, que beba o que haga cosas que puedan ____________ a los demás; pero no me tienen tan controlado como a otros. Les gusta que yo sea un niño bueno, aunque saben que cuando ellos ya no estén yo ____________ lo que quiera, por eso intento hacerles felices haciendo lo menos ____________ posible. Cuando salgo, mi padre me tiene una hora ____________. Esa hora es a las ____________, pero si voy con mi hermana tengo un poquito más de tiempo, un par de ____________ ya que ella es ____________ que yo, y le dejan más ____________; pero cuando vuelvo a esas horas, ya no hay autobuses ni ____________, por lo cual tengo que ____________ por un taxi o coger el nocturno, que es el ____________ que me lleva ____________ la puerta de casa.

b Summarise the main points made by Sara about her relationship with her parents.

Sara. ¿Tus padres confían en ti?

Opino que mis padres confían mucho en mí pero no me dan la libertad que merezco, no sé si bien porque no se fían de la gente que hay en la calle o porque les da miedo, pero creo que deberían dejarme más tiempo de salir, más libertad para ir a sitios con gente.

Normalmente no les gusta que vaya muy lejos, ni sólo con chicos y siempre tengo que estar a las once o antes en casa, y no puedo salir antes de las cinco y media de mi casa. Los domingos me obligan a estar en casa, porque les gusta que me quede a estudiar.

12 **Escucha.** Escribe el nombre de la chica; la edad que tiene; la hora a la que sale y vuelve normalmente a casa; lo que tiene que hacer si va a llegar más tarde y lo que hace su padre.

____

____

____

____

____

13 **Escucha.**

a What does Arancha feel about the difference in her parents' attitude between weekends and week days?

____

____

b What are the exceptions and what is she allowed to do then?

____

____

14 **Mi pareja ideal. Rellena con las palabras de la lista**

especial, reír, mejor, fuerte, guapo, cualidades, persona

Estefanía.

Para mí, para que una ________________ sea mi pareja, tiene que ser muy ________________, y tiene que tener muchas ________________. Yo me portaré bien, si me hace ________________, y luego tiene que ser bueno, y ayudarme a mí. Luego si puede ser ________________, alto y ________________, pues ________________.

15 **Mi chico perfecto.**

What things does Sarah mention about her ideal boy, which are not mentioned by Estefanía?

Hola, soy **Sarah.**
Mi chico perfecto es físicamente alto, delgado, moreno, que me haga reír, que sea alegre, que comparta aficiones conmigo, que me ayude en todos los problemas que tenga y bueno que yo también le ayude a él, claro.

____

____

16 **Describe a tu pareja ideal e intercambia con tu compañero/a.**

____

____

17 **Lee los textos. ¿Cómo se dice en español?**

Un buen amigo/una buena amiga

Inmaculada: Tengo buenas amigas, poquitas pero tengo. Una buena amiga es ser buena conmigo, toda la sinceridad, que no me diga una cosa y me deje tirada. No es fácil encontrar buenas amigas.

Esther: Un buen amigo es alguien que sabe todo de ti y todavía sigue a tu lado. Tener amigos es divertido porque con ellos puedes hablar de todo y pasarlo bien y es algo que siempre ayuda.

Arancha: Un buen amigo es una persona a la que le puedes confiar todo, y está en los momentos en los que lo necesitas, no sólo para lo bueno sino también para lo malo. Además te apoya en todo lo que haces y siempre está contigo.

to trust ________________ is fun ________________

few, but I have ________________ being good to me ________________

it isn't easy ________________

who knows all about you ________________

not only for good but for bad as well ________________

he helps you in everything you do ________________

18 Describe a tu mejor amigo/a y explica por qué lo es.

19 Escucha y escribe.

What words does Arancha use for the following?

a little subjective ______________________________

quite small ____________________ green-brown ____________________

sensitive ____________________ happy ____________________

I cry easily ______________________________

20 Alejandro says eight things about himself. How many of them are true about you?

¿Cómo crees que eres?

Yo me llamo **Alejandro**. Tengo quince años.
Personalmente, pues, la verdad es que soy sincero, soy cariñoso, valoro mucho la amistad, y me gusta sentirme querido por la gente que me rodea. Me gusta hacer favores a mis amigos y me considero una buena persona.

Español Mundial 2 SB Q, R, S, T, U, V

21 Lee. ¿Cómo es tu pueblo?

Mi pueblo/ciudad

Vivo en una ciudad que no es muy tranquila. Hay mucho bullicio, mucho tráfico y mucha contaminación. También hay mucha delincuencia y problemas enormes con la droga. Para el turista hay tiendas y playas que no están muy limpias. Yo quisiera ver más zonas verdes, más parques, un polideportivo mejor del que tenemos y más oportunidades para ver actuaciones culturales, sea teatro, música clásica y cosas así.

22 Read this email and write down all the words that are related to the environment.

Yo separo todos los recipientes de vidrio: botellas, frascos, tarros ... y los dejo en el iglú verde. El iglú azul es sólo para papel, cartón, revistas y periódicos. Mi hermana los recoje todos y los deposita una vez por semana.

____

23 Escucha y contesta las preguntas.

a What happens in many cities in Spain?

b What type of containers can be recycled?

c What is said about food waste?

d What do people have outside their houses?

e What happens every day?

24 Lee.

Study the text and make a list of all the vocabulary related to the environment.

En nuestro colegio todos somos muy ecologistas; cuidamos bien el medioambiente. Nuestro profesor nos hace reciclar todo lo que se puede; periódicos y revistas, todo tipo de plástico, las latas de aluminio y claro las botellas de cristal. Últimamente, hemos empezado a tirar las pilas en un sitio especial y las medicinas o los medicamentos que no se han usado los llevamos a la farmacia donde los destruyen. Tampoco malgastamos el agua ni dejamos las luces encendidas cuando no estamos, para ahorrar energía. En casa solemos comprar productos orgánicos o biológicos porque es mejor para el medioambiente y para la salud. Necesitamos en España más productos orgánicos; productos más naturales, porque todavía hay que lavar muy bien la fruta no orgánica por causa de los insecticidas. Durante las vacaciones, cuando hay algún desastre ecológico, nuestra clase es la primera en acudir.

25 Read *Pedimos ayuda*, list the ten pieces of advice, and state to whom they are given.

Example:

1 **a** Advice given to those who spend their summers in the countryside.
b To be extremely cautious and careful in woods and forests.

MINISTERIO DE MEDIO AMBIENTE

Español Mundial 2

Libro de Ejercicios

3rd Edition

Español Mundial 2 Workbook is accompanied by:

Student's Book	0 340 85909 1
Teacher's Resource Book	0 340 85911 3
CD Set	0 340 85912 1

ISBN 13:9780340859100

9 780340 859100

Hodder Murray
www.hoddereducation.co.uk

Cover illustration: Neil Leslie

Contents

Illustrations in *Español Mundial 2 3rd Edition Libro de Ejercicios* are by Barking Dog Art, Design and Illustration.

Orders: please contact Bookpoint Ltd, 130 Milton Park, Abingdon, Oxon OX14 4SB. Telephone: (44) 01235 827720. Fax: (44) 01235 400454. Lines are open 9.00–5.00, Monday to Saturday, with a 24-hour message answering service. Visit our website at www.hoddereducation.co.uk

British Library Cataloguing in Publication Data
A catalogue record for this title is available from the British Library

First Edition published 1989
Second Edition Published 1998
This Edition Published 2005
Impression number 10 9 8 7 6 5 4 3 2
Year 2008 2007

Typeset by Fakenham Photosetting Limited, Fakenham, Norfolk.
Printed in Great Britain for Hodder Murray, an imprint of Hodder Education, a member of the Hodder Headline Group, an Hachette Livre UK Company, 338 Euston Road, London NW1 3BH by Hobbs the Printers, Totton, Hants.

ISBN-13: 978 0 340 85910 0

Español Mundial 2

Sol Garson, Sonia Asli, Anna Valentine

Libro de Ejercicios

3rd Edition